Muertes aterradoras

Alexander Rosacruz

Editorial Anuket

Índice:

Triste ironía: todos venimos al mundo de una manera, pero ante cada uno de nosotros hay muchas puertas que se abrirán para salir de él. Nadie sabe con certeza qué sucederá después de nuestra muerte, una cosa se sabe: la muerte siempre es desagradable, terrible, aterradora y espeluznante. Pero algunas rutas de escape son, por supuesto, mucho peores que otras. Desafortunadamente, la gran mayoría de las personas no tienen que elegir, y algunos métodos de muerte alcanzan a una persona sin previo aviso. Pero de todas las formas de morir, ¿cuáles son las peores? ¿Y cuáles son las muertes de personas más terribles y tortuosas que se conocen en la historia?

Capítulo 1
Muertes terribles

Qué muertes se consideran terribles y a qué no le teme la gente

Se cree que 100 mil millones de personas han muerto desde los albores de la humanidad. Según las estadísticas, alrededor de 55,3 millones de personas mueren cada año.

Sobre todo, la gente tiene miedo de morir en agonía o por enfermedad. Sin embargo, el número de muertes incluso aparentemente increíbles es bastante grande. Por ejemplo, según un artículo de la revista Time, 600 personas mueren cada año por caerse de la cama en los Estados Unidos. Además, es más probable que una persona muera por un rayo o un resbalón en el baño que por un ataque terrorista. Y alrededor de 440 mil personas mueren cada año por errores médicos prevenibles.

Las muertes más terribles y horribles de personas en el mundo

A pesar de que la muerte es terrible en sí misma, las personas y el mundo que las rodea a veces obligan a los individuos a pasar por un sufrimiento inimaginable antes de ir al otro mundo. Entonces, una de las muertes más terribles y físicamente dolorosas es la crucifixión, algo que en Sudán todavía es un método legal de pena de muerte.

En este sentido, podemos citar algunos hechos reales que ingresan en la categoría de muertes terribles:

* **Junko Furuta**

La crueldad humana hacia los de su propia especie a menudo no conoce límites. Y, desafortunadamente, las referencias a terribles torturas y asesinatos están asociadas no solo con la Edad Media. En 1988, una joven japonesa de 17 años, Junku Furuta, fue secuestrada por un grupo de sádicos menores de edad: Hiroshi Miyano, Jo Ogura, Shinji Minato y Yasushi Watanabe.

Junko era una colegiala japonesa que soportó 44 días de torturas inimaginables a manos de sus compañeros de clase antes de morir el 4 de enero de 1989. Después de rechazar los avances de un chico de malas compañías de Hiroshi Miyano, la llevaron a la casa de Nobaharu Minato, un amigo del instigador. En total, más de 100 personas sabían sobre su secuestro, pero nadie hizo nada para ayudar.

Los padres de Miyano eran peces gordos en la mafia japonesa yakuza, por lo que no fue difícil para el joven intimidar a la niña y a sus propios amigos. Bajo amenaza de muerte, llamó a sus padres y les dijo que todo estaba bien para que la policía no la buscara. El primer día de encarcelamiento, la violaron repetidamente, la obligaron a devorar insectos y beber orina, le clavaron cigarrillos humeantes en la carne y le prendieron fuego con un encendedor. Al undécimo día, le rompieron las extremidades y la colgaron del techo, utilizando el cuerpo de la joven como saco de boxeo. Intentó correr, pero no logró escapar, por lo que le rociaron las piernas con líquido incendiario y le prendieron fuego. Luego, Furuta fue torturada insertándole una botella rota en su ano. Al vigésimo día, le arrojaron petardos a la niña y luego agujas de tejer al rojo vivo. Pasó un mes de encarcelamiento y los violadores aburridos idearon nuevos métodos de tortura. A la desafortunada mujer japonesa le rociaron la cara con cera caliente, le perforaron los senos con agujas, le sujetaron los pezones con un tornillo de banco, mientras le clavaban una bombilla en el interior del cuerpo. En el cuadragésimo cuarto día, Junko Furuta murió de un shock de dolor después de haber sido torturada con fuego durante dos horas. Al día siguiente, los adolescentes cementaron el cuerpo de la niña en un barril y lo tiraron en una obra en construcción, la policía logró encontrar el cadáver y a los asesinos.

Hiroshi fue sentenciado a 20 años, mientras que los otros principales secuestradores recibieron sentencias ridículas: entre 5 y 10 años. El motivo de un castigo tan leve es la edad de 17-18 años. Si los atacantes hubieran sido un poco mayores, habrían sido condenados a cadena perpetua o ejecución. Hiroshi Miyano, líder de la banda de sádicos, fue liberado en 2007.

• **Balthazar Gerard**

Balthasar Gerard fue ejecutado por el asesinato de Guillermo I de Orange en 1568, y aceptó uno de los métodos de sufrimiento más dolorosos y sofisticados. Al principio lo torturaron durante mucho tiempo y luego le pusieron en los pies zapatos holandeses de madera varias tallas más pequeñas.

Los pies en las botas se colocaron en el fuego: debido a la temperatura, la madera se encogió y se comenzaron a romper los huesos. Luego, durante dos días, lo rociaron con alcohol y le prendieron fuego para un gran tormento, y le clavaron clavos en sus piernas destrozadas. Sin embargo, esto no fue suficiente: el tribunal lo condenó a muerte por descuartizamiento.

• **Brianna Lopez**

Del 14 de febrero al 19 de julio de 2002, la recién nacida Brianna López vivía en Nuevo México con sus padres y su tío. Durante 153 días fue golpeada, tirada al suelo e incluso violada. Murió dolorosamente después de otro acoso cuando tenía 5 meses y 5 días. Los tres torturadores fueron arrestados.

• **Hisashi Ouchi**

Hisashi Ouchi es una de las víctimas más famosas del accidente nuclear de Toykamura en 1999. En su ejemplo, se puede ver el terrible efecto de la radiación en las víctimas de desastres nucleares de todo el mundo. Recibió dos veces una dosis letal de radiación, pero sobrevivió durante casi tres meses mientras los médicos intentaban salvarlo. Los órganos del desafortunado estaban fuera de servicio y flotaban en mucosidad, en lugar de fluidos corporales normales. En el cuerpo exhausto y en descomposición, incluso la médula ósea del donante no echó raíces. Finalmente, sus huesos se volvieron negros y sus músculos se atrofiaron por completo y comenzaron a desintegrarse.

Rogó a los médicos que acabaran con él, pero se negaron, creyendo que había una posibilidad de salvación. Peor aún, sin esperar la muerte del desafortunado, los médicos comenzaron a realizar experimentos con su organismo moribundo. Al día 50, su corazón se detuvo varias veces, pero los médicos lo devolvieron a la vida cada vez. Hasta que su vida cesó.

• **Jan Palach**

Ser quemado vivo es una de las muertes humanas más dolorosas y horribles imaginables, incluso si es por propia elección. Sin embargo, fue el estudiante checoslovaco Jan Palach quien lo hizo en protesta contra la invasión de Checoslovaquia por parte de la Unión Soviética durante la Guerra Fría en 1968.

Jan Palach era estudiante en la Facultad de Historia y Economía de Praga. Protestó contra la invasión de su país cometiendo un acto público de autoinmolación en el centro de la capital. El video del incidente no existe, pero el video y las fotos del funeral están en línea.

- **Kelly Ann Bates**

Al igual que Junko Furuta, Kelly Bates tenía 17 años en 1996. Su "novio" la torturó durante 4 semanas en 1996 hasta que murió. La mató de hambre, la escaldó, la quemó con un hierro, la apuñaló varias veces con cuchillos y tijeras, y le arrancó parcialmente el cuero cabelludo.

Lo peor es que el psicópata le arrancó los ojos al menos 5 días antes de su muerte: posteriormente, la apuñaló en las cuencas vacías de los ojos mientras estaba viva. Terminó con su vida ahogándola en la bañera. Su torturador era James Smith, un pedófilo de 48 años que cautivó el corazón de la colegiala sin experiencia. Él mismo llamó a la policía, argumentando que su novia había muerto en la bañera. La policía comprobó más de 150 heridas en el cuerpo de Kelly, por lo que Smith fue sentenciado a cadena perpetua.

- **Doug McKay**

El 17 de agosto de 2003, a las 2:00 p. m., en una feria de verano cerca de Seattle, Doug McKay estaba engrasando una de las atracciones extremas más famosas, Super Loop 2. Fue en ese momento cuando sopló el viento y las ruedas de los remolques que pasaban sobre él le mordieron el pelo y lo arrastraron hacia arriba.

Al ser lanzado por los aires, chocó contra un alambre de metal que le cortó la garganta. Lo peor estaba por venir: mientras McKay aún estaba vivo, la montaña rusa entró en un bucle. La rotación fue tan rápida que le arrancó el cuero cabelludo. Con la garganta cortada y la cabeza rapada, se estrelló contra una viga de metal perpendicular que partió los huesos de su columna por la mitad. Al final, murió, golpeando la base de concreto con tanta fuerza que las entrañas se esparcieron por todo el lugar. La atracción después de este incidente se cerró hasta el final del verano, sirviendo como monumento a McKay. Incluso los videos sobre tales atracciones son impresionantes, pero en realidad, tal entretenimiento, como muestra la práctica, puede conducir a la muerte.

- **Manius Aquilius**

Una de las ejecuciones más terribles, aterradoramente espectaculares y demostrativas sucedió incluso antes de nuestra era. En el 88 a.C. El general Manius Aquilius fue derrotado por el famoso zar Mithridates IV Eupator, que reinaba el territorio de Crimea. Habiendo capturado a Aquilius, Mithridates alimentó durante mucho tiempo en su mente el castigo ideal para él.

El padre de Manius, el anciano Aquillius, fue un ex gobernador romano de Pérgamo y era odiado por los atroces impuestos que imponía; y conocido como un tirano severo y una de las personas más ricas. Y aunque los hijos no son responsables de los pecados de sus padres, el cruel rey Mithridates decidió lo contrario, poniendo en su perjuicio la historia familiar del cautivo, pensando que Manius Aquillius, el joven, seguiría los pasos de su padre como especulador de impuestos. Mitrídates sació la sed de riqueza de Aquilius vertiendo lentamente oro fundido en su garganta.

• **David Allen Kirwan**

En julio de 1981, David Allen Kirwan, de 24 años y originario de California, estaba de gira en la zona termal de Yellowstone Park con su amigo Ronald Ratliff y el perro de Ratliff, Musi. Cerca de la piscina Celestine, una fuente termal, cuya temperatura del agua era de más de 200 grados, el perro cayó repentinamente al agua y comenzó a ladrar de dolor desgarrador.

Los amigos corrieron a las aguas termales para salvar al perro. Los testigos alrededor intentaron advertir a David que no saltara, pero él solo gritó "¡Cómo diablos no lo haré!". Luego dio dos pasos en la piscina y luego se zambulló de cabeza en el líquido hirviendo. Kirvan nadó hasta el perro y trató de llevarlo a la orilla. Ratliff ayudó a salir a su amigo, pero las consecuencias ya eran irreversibles. Kirwan quedó ciego al instante, y cuando uno de los testigos del incidente trató de quitarle uno de sus zapatos, la piel se desprendió junto con la bota. En el cien por ciento del cuerpo recibió quemaduras de tercer grado, las cuales también capturaron su cabeza. El héroe murió un día después en un hospital de Salt Lake City. El perro Muzi tampoco sobrevivió.

Capítulo 2
La muerte en la historia

La muerte es algo que nadie ha podido evitar todavía. Todos los seres vivos tarde o temprano van al otro mundo, la diferencia está solo en las circunstancias. Muchos creen que lo peor es dejar de vivir; pero las páginas de la historia humana nos dicen que la agonía de la muerte puede ser mucho peor que la muerte misma.

La Biblia está llena de historias no solo sobre el amor y la bondad, sino también sobre la justicia, que a menudo es cruel. Una de ellas es la parábola de Joram. Según la leyenda, Jehoram (o Jorán de Judea) una vez fue el gobernante de Judea y consideró a Beelzebub como la deidad principal, lo que provocó la ira de Yahweh. Jehoram fue severamente castigado: fue golpeado por una extraña enfermedad, de la cual su carne comenzó a descomponerse desde adentro. Antes de morir, el rey sufrió durante 2 años.

Otra terrible historia bíblica está dedicada al rey Herodes, quien gobernó la Cesarea palestina. El nombre de Herodes es bien conocido por todos los que leen el Nuevo Testamento: fue él quien, al enterarse del próximo nacimiento del verdadero rey de Judea, ordenó la muerte de todos los recién nacidos de Belén. Posteriormente, organizó la persecución de los primeros cristianos, ejecutó a Juan Bautista y al apóstol Santiago. La Biblia enumera la muerte de Herodes como siendo comido vivo por gusanos.

En cuanto la historia eslava, podemos resaltar el asesinato de Grigory Rasputín. Muchas personas cercanas a la corte desconfiaban del misterioso amigo de Nicolás II: había rumores de que Rasputín era un hechicero insidioso que se había puesto en contacto con la magia negra. Los cortesanos menos supersticiosos lo vieron como un peligroso rival político que tenía demasiada influencia sobre el emperador. El 29 de diciembre de 1916, el príncipe Félix Yusupov invitó a cenar a Rasputín, durante la cual le ofreció al invitado a beber vino, el cual estaba envenenado. La toxina no funcionó, por lo que los conspiradores, el príncipe y su cómplice Vladimir Purishkevich, le dispararon por la espalda. Los asesinos pensaron que Grigory estaba muerto y lo sacaron del palacio. Pero inesperadamente no solo dio señales de vida, sino que también comenzó a estrangular a uno de los conspiradores. Luego se disparó otra bala contra Rasputín, que no lo mató, por lo que el moribundo trató de escapar. Lo alcanzaron, lo golpearon y luego lo arrojaron vivo a las gélidas aguas del Moika. En total, se encontraron tres heridas en el cuerpo del difunto favorito del emperador, todas fatales: en la cabeza, riñón e hígado.

La Inquisición, las guerras, las enfermedades dejaron una huella terrible en la historia de la Edad Media. Hubo muchas muertes terribles en ese momento, pero la mención de una de ellas todavía hace que la sangre se hiele en las venas. Estamos hablando de la ejecución de György Dozsa, quien había encabezado un levantamiento campesino en Hungría, que fue rápidamente reprimido. Después del fracaso revolucionario su líder fue herido y hecho prisionero por el gobierno. Para que otros campesinos ya no tuvieran la idea de rebelarse contra los señores feudales, se inventó la ejecución más cruel para György Dozhi.

El líder del levantamiento quería convertirse en rey de Hungría. Con el fin de causarle no solo dolor físico, sino también ridiculizar sus esperanzas, György fue colocado en un trono de metal con una chimenea escondida en su interior, entregándole un cetro y un orbe que no tenían una temperatura inferior a cien grados. También se le colocó una corona al rojo vivo en la cabeza. Entonces György y los que habían tomado parte en la rebelión con él fueron llevados al salón. Allí se procedió a cortar al revolucionario en pedazos, y a los rebeldes de ideas afines que sufrían una larga huelga de hambre se les obligó a morder la carne asada de su líder que aún agonizaba en la hoguera. "Cómanlo entero y manténganse con vida", les prometieron. Todos los que se negaron a comer carne humana fueron asesinados. Aquellos que aceptaron el canibalismo también, pero solo después de que probaran la carne chamuscada.

Otro caso histórico es el de Deborah Gale Stone. Mucha gente les tiene miedo a las atracciones, y por una buena razón. Ignorar las reglas de seguridad a menudo tiene consecuencias desastrosas. En 1974, American Disneyland deleitó a los visitantes con una nueva atracción: la America Sings. Fue uno de los primeros entretenimientos que utilizó animatrónicos, es decir, robots que cantaban y bailaban. La atracción causó sensación desde los primeros minutos de la jornada laboral hasta el cierre del parque, decenas de personas se agolparon alrededor de los robots. Pero por alguna razón, la empleada de Disneyland, Deborah

Stone, de 18 años, estaba asustada por estos "electrónicos": no podía explicar el motivo de su extraña fobia, pero cada vez que pasaba junto a ellos, se sentía incómoda. Y por mala fortuna, ¡fue nombrada cuidadora de esta atracción!, y antes del comienzo de la próxima actuación, se le indicó que revisara el mecanismo giratorio. La niña se quedó atrapada en un receso antes que comenzara el espectáculo. Los robots comenzaron a cantar, el escenario empezó a girar y la niña fue aplastada en pedazos sangrientos entre la parte giratoria y el muro de hormigón estacionario. Mientras dejaba escapar gritos de dolor inhumanos, la audiencia pensó que era parte del espectáculo.

Otro caso atroz ocurrió en la víspera de Navidad de 2002, cuando el cantinero Doyle, de 25 años, decidió celebrar la festividad con su amigo Michael Wright y su novia. En un fervor alcohólico, Wright pensó que Doyle estaba molestando a su novia y golpeó al pobre hombre. Rompió las piernas del cantinero y lo arrojó por una escotilla abierta. La distancia hasta el fondo era de unos 5,5 metros. Wright quería asustar a Doyle, pero no sospechó que el fondo de la alcantarilla estaba inundado con agua hirviendo de una tubería rota. El cantinero cayó en agua hirviendo a una temperatura de 150 grados centígrados y las heridas no le permitieron salir. Todavía estaba vivo cuando llegó la ayuda, pero ni los bomberos ni los paramédicos se aventuraron a bajar. El hombre fue hervido vivo en la escotilla. Después de abrir el cuerpo del hombre, los médicos notaron que parecía una langosta cocinada por un chef: los órganos internos estaban hervidos y la piel se había desprendido de los huesos. Lo peor de todo, mientras su cuerpo se cocinaba vivo, Doyle permaneció consciente.

Los crímenes y guerras más atroces de la historia

Clasificarlos es controvertido, pero Matthew White, bibliotecario e investigador estadounidense, lo intentó en su "Libro Negro de la Humanidad". White se basa en el número de muertos que, aunque aproximado, se refiere a datos recogidos también de fuentes no oficiales y al cálculo de la mediana entre los valores más alto y más bajo. Aquí está su lista de los 10 mayores crímenes históricos:

• La Segunda Guerra Mundial que causó cerca de 70 millones de muertos.

• Las invasiones mongolas de Genghis Khan, que en la Edad Media habrían dejado 40 millones de muertos en el campo -a la par de la colectivización forzada china (1949-76) iniciada por Mao Zedong, fundador de la República Popular China.

• La hambruna india, provocada varias veces (1769-70, 1876-79, 1896-1900) por las políticas económicas y administrativas británicas, que costó la vida a 27 millones de ciudadanos del vasto imperio del Reino Unido.

• El colapso de la dinastía Ming (1635-1662) que dejó 25 millones de chinos en el campo.

• La guerra civil de los Taiping (1850-64), en China: nacida como una insurrección contra la dinastía Qing y degenerada en conflicto civil, fue una masacre con más de 20 millones de muertos.

• La era oscura de Stalin que, en la Unión Soviética, de 1928 a 1954, costó la vida a por lo menos 16 millones de personas.

• La trata árabe de esclavos (siglos VII-XIX), con 18 millones de muertos.

• Las campañas del rey turco-mongol Tamerlán (siglo XV) con 17 millones de muertos.

• El comercio de esclavos desde el África hacia las Américas que causó 16 millones de muertes, y que prácticamente despobló al continente africano.

• La conquista de América, con 17 millones de muertos.

Un razonamiento aparte, merecen las guerras de religión. Porque ninguna guerra es cien por cien religiosa, aunque la religión sea el único elemento que diferencia a dos grupos muy homogéneos, como sucedió en Yugoslavia en los años noventa. No siempre, entonces, cuando se lucha contra personas de diferentes religiones, la religión misma debe ser considerada como caus belli.

¿La mayor masacre por motivos religiosos? Es la que siguió a la revuelta antiimperialista de Taiping (1850-1864) liderada por Hong Xiuquan, que se había proclamado hermano menor de Jesús. La represión causó 20 millones de víctimas, casi el triple de las producidas por la Guerra de los Treinta Años (1618-1648) entre protestantes y católicos.

Las pandemias más terribles de la historia de la humanidad

Cientos de millones de muertos desde el amanecer de los tiempos hasta hoy: la (triste) crónica de la difícil convivencia entre el hombre y la naturaleza. Veamos cuáles son las pandemias más famosas de la historia:

* **Plaga de Justiniano**

Esta no es la primera, pero es una de las primeras de las que tenemos noticias bastante seguras. Anticipada unos siglos antes de la Peste de Antonino, que causó al menos 5 millones de muertos, se estima que la Peste de Justiniano acabó con la vida de entre 30 y 50 millones de personas, es decir del 11 al 19% de la población mundial, y en tan solo dos años (de 541 al 542 después de Cristo).

* **Peste Negra**

La infame Peste Negra, también conocida como peste bubónica, azotó al mundo (y especialmente a Europa) en el siglo XIV: en apenas cuatro años, de 1347 a 1351, parece haber matado a unos 200 millones de personas, el 30% de la población mundial de aquel tiempo. A lo largo de los siglos, seguirán más epidemias de peste: la peste de Manzoni, al menos 3 millones de muertes en el siglo XVII, y la tercera gran epidemia de peste en 1855, con 12 millones de muertes.

* **Viruela**

Una enfermedad realmente "resuelta" recién en el siglo XX, a raíz del descubrimiento de la vacuna (que es la primera de la historia). Se estima que solo en 1520 la viruela mató hasta 56 millones de personas, lo que equivale al 11% de la población mundial en ese momento. Al igual que con el Covid-19 (y la gripe), la viruela también fue causada por un virus: podemos permitirnos usar el verbo en pasado porque la Organización Mundial de la Salud declaró oficialmente erradicada esta enfermedad en 1980. El último caso diagnosticado data de 1977, en Somalia.

• **Influencia española**

Anticipada por la fiebre amarilla y la fiebre rusa, que juntas provocaron más de 1 millón de muertes, la gripe española es hoy la pandemia más terrible de la historia reciente, así como una de las peores epidemias de la historia de la humanidad. Empezó a extenderse en plena Primera Guerra Mundial: el contagio se prolongará durante al menos dos años, con dos oleadas distintas (y la segunda aún más violenta que la primera). El responsable de esta enfermedad es el virus A-H1N1, que es (más o menos) el virus de la gripe que aún hoy circula. Nota curiosa: se llamó "Influencia española" porque el único país donde se permitía hablar de ella (en tiempos de guerra) era España. Abuelos y bisabuelos aún lo recuerdan, en las historias de padres y ancestros: se estima que, hasta 50 millones de muertos, equivalente a más del 3% de la población mundial de la época.

• **SIDA**

El SIDA es el Síndrome de Inmunodeficiencia Adquirida igualmente infame: es una consecuencia del virus del VIH, cuyos orígenes se pierden hace aproximadamente un siglo, pero que en realidad fue descubierto y aislado solo en la década de 1980. Al día de hoy, todavía no existe una vacuna, aunque existen tratamientos que antes eran impensables. La enfermedad está relativamente bajo control, pero es una de las plagas de nuestro tiempo: se estima que en menos de cuarenta años ha provocado la muerte de más de 35 millones de personas (el 0,7% de la población mundial).

• **Ébola**

El virus del Ébola es astuto y muy violento, con una tasa de mortalidad cercana al 50% (dos se contagian, uno muere). Afortunadamente (para la humanidad) existe una vacuna, y actualmente está confinada a África: provoca fiebres hemorrágicas que, como se mencionó, pueden causar la muerte en uno de cada dos casos. Durante la epidemia más violenta, entre 2014 y 2016, pudo haber causado cerca de 11,5 millones de muertes.

Capítulo 3
Causas siniestras de muerte

Cáncer, aterosclerosis, diabetes: estas son enfermedades terribles que causan millones de muertes en todo el mundo. Sin embargo, son de carácter crónico. Esto significa que puedes vivir con ellas, en peor o mejor estado, durante muchos años. Sin embargo, hay enfermedades que pueden matar en unos pocos días y, en algunos casos, incluso en uno solo.

El hecho de que ocurra la muerte y en qué momento depende de muchos factores. Entre otras cosas, el grado de exposición al patógeno y la resistencia de nuestro organismo. Las muertes que ocurren poco después de la infección ocurren con mayor frecuencia en hospitales, en personas inmunodeprimidas. También sucede que un virus o una bacteria están presentes en el cuerpo "en estado latente" y atacan a la víctima inconsciente solo después de muchos años.

Entre las enfermedades más terribles se encuentran:

- **Virus del Ébola en la sangre**

El Ébola es una infección a menudo grave con fiebre y sangrado (fiebre hemorrágica). En muchos casos termina fatalmente con la vida del infectado. La enfermedad es causada por el virus del Ébola, que es uno de los patógenos más peligrosos del mundo. Hasta el momento no existen fármacos efectivos contra ella.

Sin duda, el nombre de esta enfermedad "estimula la imaginación". Pero esta es solo una de las muchas fiebres hemorrágicas: enfermedades infecciosas virales agudas. Se habla de él con relativa frecuencia debido a la larga epidemia de Ébola (como se simplifica su nombre) en África Occidental. Desafortunadamente, esta enfermedad también llega a Europa y al otro lado del Atlántico. El virus del Ébola fue identificado en 1976. En ese momento, la enfermedad se caracterizaba por una mortalidad muy alta: el 88% de las personas infectadas. Hoy la situación se ve un poco mejor, pero tampoco muy bien (la tasa de mortalidad oscila entre el 55 y el 60%). Durante la mayor epidemia hasta la fecha, que duró de diciembre de 2013 a enero de 2016, hubo 11 mil muertes en 28,6 mil. casos registrados. La enfermedad se transmite a través del contacto con la sangre o secreciones de personas infectadas. En sus primeras etapas, el ébola es similar a la gripe. Hay una sensación de fatiga, debilidad, fiebre, huesos rotos, dolor de cabeza. Esto es seguido por dolor abdominal, vómitos, diarrea y, en algunos casos, sangrado interno o externo. La muerte generalmente ocurre debido a la pérdida de fluidos corporales y la presión arterial baja que resulta de ello.

• **Accidente cerebrovascular**

Ataca inesperadamente y puede matar rápidamente. Muchas de sus víctimas sobreviven, pero aun así es la segunda causa de muerte en el mundo. Los que logran superar la enfermedad, en muchos casos, padecen de alguna discapacidad o pérdida de la independencia vital. El curso de esta enfermedad depende de varios factores. Ocurre en dos tipos básicos: infarto cerebral, es decir, accidente cerebrovascular isquémico asociado con la interrupción del suministro de sangre al cerebro, y accidente cerebrovascular, es decir, accidente cerebrovascular hemorrágico, asociado con el derrame de sangre al cerebro desde los vasos dañados. También hay un mini accidente cerebrovascular, que es un ataque transitorio de isquemia cerebral. En sí mismo, no pone en peligro la vida, pero puede ser un presagio de un derrame cerebral importante.

• **Enfermedad de Chagas**

Su nombre más difícil de recordar es tripanosomiasis americana. Proviene del nombre en latín de su perpetrador, el nativo americano, es decir, Trypanosoma cruzi. Este parásito, que se encuentra en América Central y del Sur, es transmitido por insectos chupadores de sangre, comúnmente conocidos como "gusanos besadores". También puede infectarse por comer alimentos contaminados por insectos, que son sus portadores. La enfermedad se manifiesta por fiebre, ganglios linfáticos agrandados, dolores de cabeza e hinchazón en el área de la picadura. Después de unas 10 semanas, pasa a la fase crónica, que en el 60-70% de los pacientes. infectado, no presenta síntomas, y en el resto permanece latente durante muchos años, destruyendo los ganglios de los órganos internos.

• **Meningitis meningocócica**

Un tipo bacteriano de meningitis causado por la difteria de la meningitis o meningococo. Es una enfermedad muy peligrosa, extendida principalmente en los países del África subsahariana (el llamado cinturón meningocócico), pero también presente en Brasil, China e India. Se caracteriza por una alta tasa de mortalidad en los no tratados. Ataca solo a las personas. La infección es rápida y puede conducir a una infección sistémica. Los síntomas iniciales incluyen fiebre alta, rigidez en el cuello, dolor de cabeza, sensibilidad a la luz y vómitos. En los pacientes que han sido salvados, provoca graves daños a la salud: como pérdida de la vista y el oído, el retraso mental e incluso la gangrena.

• **SARM**

No es tanto una enfermedad como el nombre de una peligrosa bacteria resistente a la terapia con antibióticos. Significa Staphylococcus aureus resistente a la meticilina, un antibiótico del grupo de las penicilinas. En la práctica, SARM es resistente a la mayoría de los antibióticos y su nombre proviene de una época en que la meticilina se usaba más ampliamente en la práctica clínica. El estafilococo dorado es una fuente frecuente de infecciones oportunistas en un entorno hospitalario. Esto significa que "utiliza" la inmunidad debilitada de los pacientes para causar estragos en sus cuerpos. La infección por SARM a menudo provoca infecciones graves del torrente sanguíneo, neumonía y, en muchos casos, infección sistémica y muerte. Un síntoma de infección fácilmente reconocible es la ulceración de la piel, combinada con hinchazón, enrojecimiento intenso y, a menudo, supuración de las heridas.

- ### **La fascitis necrotizante**

Suena aterrador, pero su nombre coloquial provoca aún más escalofríos. En inglés se conoce como enfermedad carnívora o insecto carnívoro, es decir, una enfermedad provocada por bacterias que se alimentan de carne humana. Esta redacción es parcialmente incorrecta en cuanto a los hechos. Las bacterias como tales no se alimentan de los músculos humanos, pero liberan toxinas que causan inflamación, dañan los tejidos circundantes y debilitan el sistema inmunológico. La infección a menudo comienza con un simple corte. Es una vía para la invasión de bacterias que viven en la piel. Los culpables de la fascitis necrotizante pueden ser microbios presentes en nuestra flora fisiológica y que no representan un riesgo de enfermedad en condiciones normales. Un ataque de la enfermedad se produce en una situación de inmunidad debilitada, provocada, por ejemplo, por el uso de fármacos inmunosupresores, abuso de alcohol o drogas, diabetes u otras enfermedades crónicas. Comienza con una infección del tejido conectivo que se desarrolla a lo largo de la fascia, la membrana que protege los músculos. El tratamiento se lleva a cabo con el uso de antibióticos o intervención quirúrgica. Si no, la inflamación es fatal.

- ### **Plagas**

Fue la causa de la mayor pandemia en la historia de la humanidad. En el siglo XIV, en menos de una década, cobró un número impactante de vidas en Europa y Asia. El número de víctimas de la "muerte negra" se estima en 75-200 millones, según varios cálculos. La fuente de la enfermedad es la bacteria Yersinia pestis.

La infección por este microorganismo puede ocurrir por picadura de pulgas infectadas, principalmente de ratas, o por contacto con fluidos corporales de animales infectados. A medida que la bacteria cruza la barrera de la piel y entra en el torrente sanguíneo, viaja a los ganglios linfáticos, principalmente en las axilas, el cuello y la ingle, donde causa inflamación y se multiplica. Los síntomas de infección, además de los ganglios linfáticos inflamados, son escalofríos, debilidad, fiebre, espasmos musculares, tos, vómitos con sangre, y cuando el paciente está vivo durante mucho tiempo - gangrena de extremidades o partes de las extremidades, por ejemplo, dedos. Hoy en día, la peste es una enfermedad muy rara. La tasa de mortalidad es de alrededor del 10 por ciento.

* **Septicemia**

Es una amenaza inmediata para la vida y requiere atención médica inmediata. Sin embargo, no es una enfermedad en sentido estricto. Según la terminología profesional, la sepsis, también llamada sepsis, es un síndrome de respuesta inflamatoria sistémica (SRIS). Aunque se conoce desde la época de Hipócrates, sus mecanismos solo se han entendido recientemente, pero aún carecemos de un conocimiento exacto al respecto. Por lo general, afecta a personas con un sistema inmunitario debilitado, por ejemplo, que se someten a un tratamiento hospitalario a largo plazo. Sin embargo, también puede atacar a un ser humano sano -o aparentemente sano- y, en unas pocas horas, llevarlo a un estado potencialmente mortal. La causa de un desarrollo tan dramático es el "pánico" del sistema inmunológico, que trata de combatir el patógeno: virus, bacterias u hongos. Como resultado de una fuerte reacción a la amenaza, aparece una gran cantidad de citocinas en el sistema. Estas proteínas estimulan la actividad de las células inmunitarias, pero al mismo tiempo, cuando están en exceso, dañan los vasos sanguíneos y contribuyen indirectamente a la hipoxia tisular. Como resultado, los órganos internos comienzan a fallar, el paciente desarrolla problemas de circulación, aumento del ritmo cardíaco, debilidad severa, fiebre o hipotermia. Si se diagnostica sepsis, es necesario someterse a tratamiento hospitalario.

- **HFRS.**

Las siglas significan: fiebre hemorrágica con síndrome renal. Esta enfermedad puede contagiarse de los roedores domésticos y forestales: ratones o ratas. Es mucho peor en Asia, donde la infección suele ser aguda, combinada con fiebre alta, hemorragia, insuficiencia renal y, en ocasiones, shock (insuficiencia multiorgánica resultante de la falta de oxígeno y nutrientes en los tejidos), que en casos extremos puede provocar a muerte. La enfermedad es causada por varios tipos de los llamados hantavirus, que son transmitidos y excretados por los roedores en las heces, la orina y la saliva. Este patógeno puede infectarse por inhalación.

- **Dengue**

Enfermarse por primera vez suele ser inofensivo. Es posible que las personas con una inmunidad más fuerte ni siquiera se den cuenta de que han tenido dengue. La reinfección es completamente diferente de la anterior; en el peor de los casos, puede provocar rápidamente la muerte. El número estimado de casos de dengue es de alrededor de 100 millones por año. Esta enfermedad tropical transmitida por mosquitos es endémica en más de 110 países en todo el mundo: Asia central y sudoriental, África subsahariana y América Latina. Peor aún, no puede protegerse de la malaria tanto como (al menos parcialmente) evitando los bosques tropicales y desplazándose por las zonas urbanas, porque el dengue también se encuentra en las ciudades. Los síntomas de la enfermedad aguda inicialmente se asemejan a los síntomas de la gripe. Estos son: fiebre alta, dolor de cabeza, general "

Muertes horribles y brutales 'causadas' por las redes sociales

Las redes sociales como tales son un espacio de comunicación relativamente nuevo al que la humanidad no se ha adaptado exactamente de la mejor manera.

Incluso antes de la llegada de las redes sociales, Internet era un lugar particularmente peligroso, un coto de caza propicio para personas mentalmente inestables con intenciones particularmente dañinas, psicópatas y otras personas que necesitaban tratamiento.

Todo el mundo está familiarizado con Chat.hu, por ejemplo, donde muchas personas se han divertido fingiendo ser del sexo o la edad opuestos como extraños, y luego se ríen cuando los atrapan en su mentira. Ahora pensemos que alguien hace esto no por una broma, sino específicamente para atrapar a otros para hacerles cosas terribles, que a menudo terminan en la muerte.

Sin embargo, la aparición de las redes sociales empeoró aún más la situación.

MySpace, MyVip, IWIW, Facebook, Instagram y otras plataformas también crean una oportunidad para que los perpetradores busquen específicamente a las víctimas y, con el tiempo, con la aparición de diferentes configuraciones de seguridad, tienen cada vez menos oportunidades para hacerlo, pero ciertamente aparecen nuevas estrategias para el mal uso de internet.

El uso de las redes sociales comenzó a tener una influencia cada vez mayor en el comportamiento y el funcionamiento diario de las personas, lo que se apoderó casi por completo de la nube digital. El único problema con esto es que el uso excesivo e inapropiado de las redes sociales puede tener un efecto comprobado de distorsión de la personalidad y puede desencadenar depresión y ansiedad severas. Los operadores de las plataformas obviamente no culpan a los usuarios, porque su interés es que sus usuarios estén cada vez más tiempo en su sitio, no estar mentalmente bien.

Casi desde el comienzo de los videojuegos, ha habido un debate sobre si la programación violenta hará que los niños sean más violentos o no, o si puede desencadenar ciertas tendencias violentas. Cada vez son más los investigadores y estudios que afirman que no es así, aunque aún pueden existir otros efectos. Si seguimos esta línea de pensamiento, las redes sociales no convertirán a alguien en un asesino psicópata. Más agresivo que la media, sí.

Si, por ejemplo, un jefe de familia abusivo ve que su hijo ha dicho cosas desagradables sobre él en TikTok, es posible que lo golpee aún más duramente, o si un ex novio/novia agresivo descubre por las redes sociales que su antigua pareja formalizó otra relación, puede que comience a acosarlos, ya sea físicamente o por las mismas plataformas digitales, causándoles, no solo daño físico, sino psicológico.

Es por eso que no se afirma que las redes sociales sean la causa directa o el desencadenante de estos problemas, porque estas personas son así en primer lugar: violentas y abusivas, o peor aún, sociópatas. Y para esas personas, la medicina es muy fácil de aplicar, un solo me gusta, seguir o intercambiar mensajes puede ser suficiente para que ocurra una tragedia.

De tales casos y similares, citaremos algunos inexplicablemente crueles, terriblemente oscuros y trágicos.

- **Publicación sobre manutención infantil**

En 2010, el hombre y padre de Londres, Adam Mann, se enfureció después de ver publicadas las quejas por manutención infantil de su ex esposa Lisa Beverley en Facebook. Esa misma noche, el hombre se contuvo, fue a ver a la madre de su hijo y luego la golpeó brutalmente en el cerebro con un martillo. Después de que la mujer quedó indefensa, la apuñaló en el cuello y luego se alejó rápidamente de la escena.

El cuerpo de Lisa fue encontrado por su hijo de 5 años, quien inmediatamente llamó a sus abuelos, los que a su vez llamaron a la policía y a la ambulancia. Mann fue sentenciado a 24 años de prisión.

• **Amigos enfrentados**

En 2014, dos amigos británicos, Scott Humphrey (29) y Richard Rovetto, volvían a sus casas compartiendo un taxi después de una despedida de solteros. Richard se encontraba manipulado su teléfono y navegaba por las redes sociales. Se fijó en el perfil de una atractiva chica y le hizo "un toque". Scott, al advertir ese hecho le aclaró a su amigo, que esa chica era su novia. No fueron suficientes las aclaraciones de Richard, al argumentar que desconocía esa relación sentimental. Scott se tornó agresivo, y los dos comenzaron una discusión acalorada en el vehículo de alquiler.

Pero eso no fue suficiente, Scott empezó con una agresión física contra su amigo, quien se desmayó por los golpes. El "amigo" agresivo luego arrojó a Richard inconsciente a la calle, causándole una lesión fatal en la cabeza. Scott Humphrey respondió por sus acciones en la corte, donde fue sentenciado a cuatro años y cuatro meses de prisión solo por homicidio involuntario.

• **La lista de la muerte real**

Esta historia es quizás una de las más aterradoras de todas. En agosto de 2010, en la ciudad de Puerto Asís, tres adolescentes colombianos fueron encontrados muertos con heridas de bala, aparentemente sin motivo. Los jóvenes no eran miembros de ninguna pandilla, no estaban involucrados en delitos, eran adolescentes completamente normales.

Cinco días después, los datos de los muertos aparecieron en una publicación de Facebook con la intención específica de ser una lista de muertos, en la que también se citaban a otros 66 jóvenes. Otro nombre fue tachado de la lista a los tres días, y después de que se encontró el cuerpo del señalado, la lista de muertos de Facebook se amplió con más nombres.

Luego comenzaron a distribuir notas instruyendo a los padres de los niños en la lista a abandonar la ciudad de inmediato si querían que sus hijos llegaran a la edad adulta. El caso generó una enorme cobertura mediática y la policía no aclaró nada. Aparte del hecho de que podría haber sido una banda criminal, hasta el día de hoy no se sabe quién estaba exactamente detrás de los asesinatos y la lista de muertos. Los asesinatos también se detuvieron solo porque las familias en la lista se mudaron.

La lista negra en Facebook les dio a las personas nombradas tres días para salir de la ciudad de Puerto Asís, Colombia, o ser ejecutadas.

* **Estado civil: Soltero**
A pesar de que la pareja una vez felizmente casada, Edward Richardson y Sarah, se divorciaron y habían

estado viviendo separados durante algún tiempo, el hombre simplemente no podía olvidar a su ex esposa.

Edward estaba casi morbosamente celoso, estaba constantemente observando a la mujer que se mudaba de nuevo con sus padres, pero su mente se quedó en blanco cuando Sarah tuvo la audacia de cambiar el estado en sus cuentas sociales de su relación de casada a soltera.

El enfermo no necesitó más: una noche se coló en la casa de Sarah y la apuñaló brutalmente mientras dormía. Tras la muerte de la mujer, el hombre intentó suicidarse, pero por suerte no lo consiguió, por lo que acabó recibiendo un verdadero castigo: 17 años de prisión.

- **El desafío asfixiante**

La esencia del desafío de la asfixia, también conocido como el juego del desmayo, es que el participante se estrangula a sí mismo hasta que se desmaya debido a la falta de oxígeno en el cerebro. Aunque el desafío existía incluso antes de Internet, su brutal difusión es sin duda el "mérito" de las redes sociales, especialmente de YouTube y TikTok.

En el año siguiente al lanzamiento del sitio para compartir videos, líder en el mercado, en 2006, por ejemplo, proliferaron tanto los videos que promocionaban tal desafío que 35 muertes podrían estar claramente relacionadas con él. Al final, el desafío del desmayo -probablemente también por el rendimiento de la plataforma- fracasó, pero en los últimos años, la brutal explosión de TikTok volvió a popularizarlo. En los últimos dos años, ha habido varias muertes debido a esto, y los padres demandan cada vez más a la plataforma social por permitir y distribuir videos tan peligrosos para la vida entre los jóvenes.

Capítulo 4
Muertes por torturas

Si discutimos sobre las peores formas de morir, la tortura debe incluirse. Uno de los peores métodos, y como era de esperar, proviene de un antiguo método de tortura del que muchos de nosotros probablemente nunca hemos oído hablar. El método se llama "scapism", una forma antigua de tortura persa.

Comenzaban amarrando al individuo a un tronco de árbol o a un palo, luego, además del agua, solo le daban como alimento leche y miel, pero en grandes cantidades. Si no quería morirse de hambre, tenía que vivir con esto, pero, por supuesto, la alimentación forzada también era común. Como resultado, se desarrollaba una diarrea continua, que atraía particularmente a ciertas especies de insectos, que comenzaban a recorrer el cuerpo y a picarlo o morderlo. El efecto se realzaba si además al cuerpo se lo bañaba con una masa lechosa y melosa. Los escarabajos comenzaban lamiendo con cuidado los azúcares, que son preciosos para ellos para consumir, para luego introducirse por todos los orificios naturales del cuerpo humano, provocando grandes dolores y hemorragias. Era muy afortunada la persona atada si moría prematuramente por deshidratación.

Presunción de inocencia

Eleanor Roosvelt presentó públicamente el documento en 1948, en París.

La presunción de inocencia (Inocente hasta que se demuestre lo contrario) es el principio jurídico según el cual un imputado (es decir, una persona acusada de un delito) se considera inocente hasta el momento en que el ministerio público no demuestre concretamente, mediante prueba objetiva, el grado de culpabilidad que se presume. Este principio se deriva del artículo 11 de la Declaración Universal de los Derechos Humanos de 1948, un importante documento firmado por 48 de los 58 países en ese momento miembros de la Asamblea General de las Naciones Unidas.

La presunción de inocencia es actualmente un principio adoptado por la mayoría de los países de todo el globo. Pero en tiempos más oscuros y no muy lejanos, los acusados de herejía o de delitos más o menos graves eran inmediatamente presionados... ¡en el verdadero sentido de la palabra! para que aportaran pruebas de inocencia, sino... ya se sabe. Este modo de administrar justicia abarcó desde la Edad Media y al menos hasta la Revolución Francesa. La tortura fue considerada como uno de los métodos más efectivos, válidos y rentables para obtener la admisión de culpabilidad del imputado que, paradójicamente, implicaba la asignación de la pena real a cumplir, acorde con el delito cometido. Los tribunales civiles de numerosas ciudades utilizaron diferentes técnicas de tortura según el caso jurídico, siempre crueles y rayanas en lo inhumano.

A partir de 1231, en la Baja Edad Media, la Iglesia Católica también recurrió a los sistemas de tortura con el objetivo de combatir y derrotar a los herejes, partidarios de teorías que iban en contra de la ortodoxia católica.

El Papa Gregorio IX ayudó a formalizar el uso de la tortura durante los interrogatorios, verdaderas pruebas de resistencia en perjuicio de los sospechosos. La Inquisición, un cuerpo burocrático religioso, controlaba los tribunales eclesiásticos encargados de los juicios. A diferencia de las autoridades no religiosas, los inquisidores, sobre cuarenta expertos en derecho canónico y civil, seguían pautas precisas: el suplicio al que era sometido el sujeto podía durar como máximo media hora, debía tener lugar en presencia de médicos expertos y eximía a clérigos, soldados, enfermos, ancianos, niños y mujeres embarazadas. Si el presunto delincuente confesaba, todo concluía. Luego se esperaba que juntara fuerzas y se lo invitado a confesar por segunda vez en público para descartar que la primera admisión de culpabilidad se hubiera debido a la mera tortura física y psicológica sufrida. Las penas impuestas para extinguir la culpa eran diferentes: autoflagelación, embargo de bienes, peregrinación, arresto domiciliario. La muerte estaba destinada a los que no abjuraban y a los que recaían en el pecado después de haber abjurado por primera vez.

Eventualmente, si el hereje confesaba y se arrepentía ante la comunidad con un "acto de fe" vistiendo un hábito negro con un tocado alto, marcaba el final del juicio. Si no se producía la abjuración había otras alternativas: la cadena perpetua o la hoguera, para reincidentes o herejes graves, con esta última se quemaba el cuerpo de la víctima en una plataforma especialmente construida y públicamente, a modo de advertencia, para que, según la creencia, el condenado ya no podía resucitar después del Juicio Final.

Los tribunales civiles y eclesiásticos estaban dotados de sistemas burocráticos muy respetados que, por lo tanto, dejaban documentos y testimonios de las abominaciones realizadas. En los tiempos modernos se ha discutido mucho sobre el número de oprimidos sometidos a atrocidades y sobre la responsabilidad que los cuerpos religiosos tenían que asumir o no. La Iglesia metió mano en los archivos para demostrar cuánto se habían inflado las cifras en virtud de los clichés perpetrados hasta el siglo XIX y alimentados por los círculos protestantes, ilustrados y anticatólicos que tenían como objetivo desprestigiar la imagen de la santa institución y del imperio español que durante un cierto período obtuvo a través del papa Sixto VI la posibilidad de controlar numerosos tribunales inquisitoriales. Esta teoría se llama la leyenda negra de la Inquisición y fue propuesta por primera vez por los historiadores E. Peters y H. Kamen.

Lo cierto es que la tortura estaba a la orden del día tanto en el contexto eclesiástico (guerra abierta contra la herejía) como en el contexto civil (adulterio, homosexualidad, robo, asesinato, etc.). En toda Europa se han encontrado instrumentos terroríficos especialmente diseñados.

A continuación, una pequeña lista de las 7 técnicas de tortura más ingeniosas y crueles de la historia.

• **La cuna de Judas**
No hay constancia hasta la fecha de que este instrumento haya sido utilizado por la Inquisición ni se conservan copias originales de época. Las reconstrucciones de la cuna de Judas se basan

exclusivamente en documentos escritos. El condenado era obligado a "sentarse" en una pirámide izada sobre un caballete: maniobrado como un títere por medio de un sistema de cuerdas, el cuerpo del sospechoso era movido de tal forma que la punta de la pirámide penetraba los genitales o el ano. Si era necesario, se colocaban pesos en las extremidades del delincuente.

- **La pera**

Un instrumento similar pero menos voluminoso era la pera, llamada así por la similitud que tenía -cuando estaba cerrada- con la fruta. Fabricada generalmente en bronce, la pera estaba formada por varios segmentos que podían ensancharse mediante un tornillo conectado a una llave giratoria. El artilugio era introducido en la boca, los genitales o el ano, y que al abrirse desgarraba la parte afectada. Esta tortura no conducía a la muerte, pero infligía un dolor insoportable a las víctimas, lo que también implicaba un grave riesgo de infección. La pera se usaba para purgar el cuerpo del pecado: por eso, se usaba para torturar a mujeres que habían practicado el aborto, supuestas brujas que se habían acostado con el diablo, blasfemas, mentirosas y homosexuales.

- **La jaula suspendida**

Se trata de una verdadera jaula a "escala humana", no muy espaciosa, de hierro o madera. El condenado, desnudo, era encerrado allí y luego suspendido a unos 2,5 metros por encima de una torre o edificio alto,pero siempre en la plaza pública, para que pudiera ser objeto de burlas y humillaciones por parte de los transeúntes que, a su antojo, intentarían lincharlo. El condenado se mantenía con vida con agua y comida, pero estaba expuesto al calor del sol o al mal tiempo y, sobre todo, a las aves que pasaban atraídas por la carne. La jaula suspendida podía transformarse en un instrumento de muerte: se dejaba morir a la víctima de hambre y sed, siempre en la plaza pública.

• **La rueda**

Esta herramienta se utilizó de varias maneras. El hombre condenado podía ser izado a la rueda que luego se hacía girar para inducir náuseas y vómitos. Se podían fijar puntas de hierro en la rueda que, al girar, desgarraba las extremidades de los torturados, que a menudo morían desangrados. En el peor de los casos, al condenado primero se le rompían los brazos y las piernas: atado a la rueda, sufría así un dolor inimaginable. La rueda era más o menos una variante de la crucifixión.

Similar, la mesa: el sospechoso estaba atado de pies y manos a cuatro cuerdas fijadas a un rodillo con las que el verdugo iba "estirando" gradualmente el cuerpo de la víctima hasta provocarle la dislocación de las articulaciones.

• **El anillo**

Con esta herramienta muy común en toda Europa se ceñía el cráneo de la víctima. Los tornillos colocados en el extremo del dispositivo se apretaban a voluntad para que las espinas colocadas dentro del anillo penetraran lentamente en el hueso craneal. La compresión lenta primero rompía los dientes y la mandíbula del delincuente. Si el instrumento se usaba para matar, unas pocas vueltas más del tornillo eran suficientes para que el cráneo se rompiera y la tapa se desprendiera. El dispositivo estaba equipado con recipientes diseñados para recoger los globos oculares y la materia cerebral que goteaba de las fosas nasales.

• La tortura del ratón

Seguro que alguno de vosotros lo sabréis. El animal se insertaba en uno de los orificios de la víctima, para luego coserlo y evitar que el animal saliera. El animal, sin vías de escape, cavaba apuntando a los órganos internos del enjuiciado.

En el libro "Hasta Vietnam" sobre la vida y obra del periodista de guerra argentino Ignacio Ezcurra, se relata que, en uno de sus viajes por las selvas sudamericanas, allá por la década del 60, encontró a un campesino que había sido atacado por guerrilleros. Al hombre, le habían abierto su estómago y colocado allí un gato vivo, para luego cocer la salida. El hombre se revolcaba de dolor, mientras el animal desesperado arañaba el interior del cuerpo para escapar.

• El falso mito de la virgen de Nuremberg

La virgen de Nuremberg, o virgen de hierro, es un sarcófago antropomórfico de madera revestido con púas u hojas de hierro dispuestas en bloques desmontables. La víctima era encerrada dentro y dejada en agonía prolongada ya que se pensaba que los órganos vitales no serían dañados.

El dispositivo de tortura toma su nombre del aparato del siglo XIX encontrado en Nuremberg. Hasta la fecha no se han encontrado otros similares anteriores al XIX, por lo tanto, los estudiosos creen que se trata de una falsificación histórica creada para impresionar a los visitantes del museo a raíz de una era oscura como la Edad Media.

Otros métodos conocidos:

• El más común era el de la "soga", que consistía en levantar al sospechoso del suelo con una cuerda, de hecho, atada a las muñecas, haciendo caer a la víctima desde varias alturas, desarticulando los miembros superiores.

• El "templo", con el que se comprimía el tobillo entre dos piezas de metal hasta romperlo.

• "La bobina" insertada entre los dedos y luego apretada con cuerdas hasta romper las falanges.

• Las tenazas al rojo vivo con que desgarraban la carne.

• La tortura del agua: consistía en hacer tragar a la fuerza varios litros de agua a través de un embudo y luego golpear con palos el abdomen hinchado, lacerando tejidos y órganos internos.

Otra forma consistía en insertar un trapo enrollado en la garganta de la víctima al cual se vertía agua lentamente, lo que provocaba que la víctima se hinchara y se asfixiara. Si eso no fuera suficiente, se extraía el objeto, causando daños internos, luego se volvía a insertarlo y se repetía el proceso. A veces se usaba la tortura con agua fría. En este caso, el acusado permanecía desnudo sobre una mesa bajo un chorro de agua helada durante horas. Curiosamente, dicha tortura se consideraba leve y el tribunal aceptaba las confesiones obtenidas de esta manera como voluntarias. Estas torturas fueron utilizadas principalmente por la Inquisición española para extraer confesiones de herejes y brujas.

Torturas utilizadas para obtener confesiones durante la "cacería de brujas"

La "cacería de brujas" es popularmente famosa gracias a libros y películas que nos cuentan las persecuciones de Europa en los siglos XVI y XVII, pero tiene orígenes mucho más antiguos. La primera forma escrita de legislación contra "las artes mágicas" se remonta al código de Hammurabi, a principios del segundo milenio antes de Cristo, donde no se castigaba el ejercicio como fin en sí mismo de las artes mágicas sino el "impropio uso de la brujería y el daño que era capaz de causar.

Precisamente en el código de Hammurabi se introduce a nivel legislativo el suplicio para los delitos de brujería, (el suplicio es la práctica según la cual se determina la inocencia o culpabilidad del acusado sometiéndolo a una prueba), que consistía en 'sumergir al acusado en el río sagrado, y si se lo llevaba la corriente, el acusador tenía derecho a ocupar la casa. Es un detalle muy curioso porque, como veremos más adelante, el calvario se utilizará hasta todo el siglo XVII.

La lucha contra la brujería continuó durante la época romana, en la que al menos inicialmente se distinguía entre magia benéfica y maléfica, pero luego se equiparó cualquier ejercicio de las artes mágicas, hasta la Edad Media, convertida en una "cruzada" por parte de los Iglesia Católica de Roma. Precisamente en la época medieval la acusación de brujería se convirtió en un método rápido para eliminar a los adversarios. Por ejemplo, el Papa Juan XXII en 1318 hizo condenar a la hoguera a Ugo Géraud, obispo de Cahors, bajo la acusación de haber intentado matarlo mediante el uso de estatuillas de cera. Poco tiempo después, en 1324, en Kilkenny, Irlanda, fue sentenciada Petronilla de Meath, la primera bruja quemada en la hoguera.

Aproximadamente un siglo después, entre 1434 y 1447, se produce la primera gran campaña de caza de "brujas", seguida en los años siguientes por hechos más o menos aislados o continuos. Una lápida sobre el destino de muchas personas fue el "Malleus maleficarum", publicado en 1489, por los autores Heinrich Institor Kramer y Jacob Sprenger. El volumen se originó a partir de la solicitud de los dos al Papa Inocencio VIII de poderes especiales para combatir la brujería, a lo que el pontífice respondió con la bula "Summis Desiderantes effectibus", que autorizó una caza de brujas organizada en toda la zona del valle del Rin.

Durante los distintos periodos de la Caza de Brujas se estima que decenas de miles de personas fueron ejecutadas acusadas de brujería y vinculación con el Maligno

Durante los siglos de las cacerías de brujas, para proceder a la matanza de los acusados, como es bien sabido, era necesario que existieran pruebas fehacientes de ser "brujo" o "hechicero", pero las confesiones se arrancaban mediante torturas. Ahora veremos una lista de 5 métodos de tortura y ejecución que hicieron confesar a decenas de miles de personas:

1 - Privación del sueño

Uno de los primeros métodos para averiguar el vínculo con el maligno era la privación del sueño, con interrogatorios cerrados que podían durar unas 40 horas. Después de este período de tiempo, la persona estaba en tal estado de confusión que por lo general admitía su "conexión con Satanás". La privación del sueño se usaba comúnmente en Italia e Inglaterra, pero a menudo se la consideraba poco confiable porque casi todas las personas, después de unas pocas horas, entraban en delirio y confesaban cualquier cosa.

2 - Ordalia de Agua

En el caso de la caza de brujas se hizo común sumergir al acusado en un río, atándolo a una silla, observando si resistía para no ahogarse. Era algo diferente a ese código de Hammurabi de hace mucho tiempo, pero no tanto. El resultado, sin embargo, se interpretó de manera diferente según el período histórico. Durante la Alta Edad Media, si el acusado permanecía vivo y a flote, esto habría sido prueba de su inocencia, mientras que en el siglo XVII habría certificado su culpabilidad.

El rey Jaime I de Inglaterra (1566-1625), demonólogo, afirmó que el agua era tan pura que repelería a los culpables, mientras que en otros tiempos la inmersión en agua se consideraba prueba de culpabilidad. En todo caso, más que un calvario, se trataba de un método de ejecución, menos cruento que la hoguera, que provocó la muerte de muchas personas por ahogamiento.

3 - Escozor y Curetaje

La práctica de pinchar la piel de los acusados surgió de la creencia de que cada bruja tenía una señal de su "pacto con el diablo". Esta señal, aunque invisible, podría identificarse como una zona que no reaccionaría a las picaduras realizadas por profesionales de la caza de brujas. Aunque común en toda Europa, esta práctica se volvió ampliamente utilizada en Inglaterra y Escocia, donde numerosos "incitadores" profesionales vagaban por los países en busca de clientes (reales) y brujas (falsas).

Los aguijoneadores utilizaron herramientas especiales para demostrar la culpabilidad de los acusados, como punzones con puntas retráctiles, que daban la impresión de ser picados pero que, por supuesto, no causaban ningún efecto en la piel de la víctima.

Además de las agujas, se difundió una práctica más sencilla, en la que la presunta víctima de brujería arañaba al acusado hasta que sangraba. Si el derrame de sangre se detenía inmediatamente, el acusado era culpable.

4 - La trituración progresiva

El método de trituración tiene una larga historia e inicialmente no estaba relacionado con la brujería. Uno de los casos más famosos se refiere a los juicios de brujas de Salem, que tuvieron lugar durante 1692 en el pueblo de Massachusetts. La víctima era Giles Corey, acusado de ser hechicero junto con su esposa Martha. Durante más de dos días cubrieron al hombre con piedras cada vez más pesadas, en un intento de sacarle una confesión.

Hasta unos minutos antes de su aplastante muerte, se informa que Corey gritó repetidamente "más peso". Esta forma de tortura se había utilizado en Europa durante siglos, particularmente cuando el acusado se negaba no solo a la confesión sino también a la autoridad del tribunal, y fue por esta razón que se aplicó al pobre Corey. El hombre, mártir de la caza de brujas, se negó a declarar y murió bajo el peso del odio de los hombres.

5 - Quemar en la hoguera

Aunque hoy en día nos parece obvio considerar la "hoguera" como una forma de ejecución, en la antigüedad se pensaba como un calvario, una especie de juicio divino que habría salvado a personas inocentes. El castigo de la hoguera tiene una historia mucho más larga que la de la caza de brujas, y se usaba especialmente con traidores, rebeldes y herejes.

Los seres humanos delegaron así en un Dios hipotético, y no en ellos mismos, la culpa del asesinato…

El castigo de la hoguera se convirtió en el método de ejecución preferido en toda Europa, quizás también por la espectacularidad de la muerte, que llenaba las plazas de las ciudades de gritos desgarradores. Aunque no hay noticias de personas salvadas de la hoguera por una fuerza "divina", la Iglesia dejó el juicio final a Dios, declarando oficialmente que una bruja se consumía rápidamente en las llamas, mientras que por el contrario un inocente seguramente sobreviviría.

Hoy, por supuesto, ya no se practica el calvario, pero es triste pensar que la tortura y la pena de muerte siguen siendo prácticas bien establecidas en muchos países del mundo.

Aparatos de ejecución

- **El Toro de Falaris**
Fue uno de los métodos de ejecución más brutales de la antigüedad

El tirano griego Phalaris llegó a la historia para dejar su marca. Con solo pensar que, durante su reinado apareció un nuevo sinónimo de crueldad: falarismo y la expresión poder de Falaris, utilizada por primera vez por Cicerón. Además de todo esto, se hizo famoso como el inventor del método de ejecución más terrible en toda la historia de la civilización: el toro Falaris.

Phalaris capturó la ciudad de Akrag catorce años después de su fundación, y eso fue alrededor de 570-554. Inmediatamente ocupó varios pueblos vecinos y construyó dos fortalezas en la costa para evitar ataques desde el mar. Toda la acción tuvo lugar en el territorio de la Sicilia moderna.

La gente llamaba tirano a Phalaris, pero cabe señalar que inicialmente entre los antiguos griegos, esta palabra tenía un significado completamente diferente. Si una persona tomaba el poder ilegalmente, se le llamaba tirano, independientemente de la brutalidad de su gobierno.

Phalaris originalmente ocupó el cargo de Telon, es decir, un oficial en Akragante. Es cierto que su método para tomar el poder es sorprendente por su sofisticación. Informó a la comunidad que iba a construir un templo de Zeus Polius con una belleza sin precedentes, y le dieron una gran suma para la construcción y los gastos relacionados. Phalaris construyó una valla alrededor del sitio de construcción, aparentemente para proteger el lugar, contrató a muchos trabajadores de otras tierras de dudosa profesión y, en un buen momento, durante el festival de Thesmophoria, atacó a los civiles. Las fuentes dicen que muchos hombres fueron asesinados, mientras que mujeres y niños fueron llevados a la esclavitud. Phalaris también se convirtió en el único gobernante de la ciudad.

Phalaris, mediante engaños, privó a los ciudadanos de todas sus armas, eliminando así a la milicia civil. Y, por supuesto, para estabilizar su gobierno, encontró una nueva amenaza para Acrag: Cartago. Se sabe que, para un gobierno impopular, lo mejor es construir un enemigo al que echarle todas las culpas.

El reinado de Phalaris se caracterizó por una crueldad excepcional, sobre la cual escribieron Aristóteles, Píndaro y Cicerón. Su reinado fue tan odioso y peligroso para todos los habitantes que la expresión "poder de Filario" se menciona en las obras de los historiadores antiguos como sinónimo de tiranía y miedo. Y Cicerón fue aún más lejos: inventó una nueva palabra, "falarismo", que usó en su carta sobre la inminente tiranía de Julio César.

Sobre el famoso toro de cobre o toro de Falario, se puede recopilar que fue un instrumento de ejecución que fue mencionado por primera vez por Píndaro, luego por Heráclides y Calímaco.

La esencia de la historia es la siguiente: un tal Perilus de Atenas le dio a Phalaris un enorme toro de cobre porque le gustaba ver cómo ejecutaban a la gente y comérselos.

El toro estaba hecho de cobre puro, de tamaño natural y brillaba al sol. En su interior había varios tubos que salían de forma especial en forma de fosas nasales. Debido a tan ingenioso diseño, durante la ejecución, salía vapor de las fosas nasales y se escuchaban los gritos de los desafortunados, que se asemejaban al bramido de un toro. La ejecución era la siguiente:

El hombre, atado por las muñecas y los tobillos, era colocado dentro del toro de bronce de Phalarius. Abajo, debajo del vientre, se encendía un fuego. La víctima se hervía viva en sus propios jugos.

El gobernante disfrutaba de una justicia imaginaria durante varias horas, dependiendo del tamaño del fuego.

Se sabe que el propio inventor Perillus se convirtió en la primera víctima, que Phalaris ordenó ejecutar de inmediato, con el fin de que no construyera otra similar para otro gobernante.

Phalaris, como el segundo tirano de Grecia, fue quien le dio una gloria sin precedentes al toro de cobre, quemando a las personas que le eran inaceptables. Esta opción se hizo tan popular que a menudo se usaba en recepciones y días festivos.

* **Silla eléctrica**

A medida que la civilización humana maduró, los métodos de ejecución fueron reemplazados por otros más "civilizados". La idea de matar criminales con electricidad fue propuesta en 1881 por el dentista e ingeniero estadounidense Alfred Southwick. Escuchó una historia sobre un borracho que agarró un generador eléctrico con su mano desnuda y murió instantáneamente. Un método tan rápido de matar podría usarse como una alternativa al ahorcamiento, lo que obligaba a la víctima a sufrir antes de morir. Como ejemplo, citó una ejecución reciente en la que un hombre con una soga siguió respirando durante 15 minutos, una "reliquia bárbara".

La idea se probó por primera vez como eutanasia para cientos de perros sin hogar. Se sacrificaron experimentalmente en agua, con diferentes tipos de electrodos a disposición, eligiendo el lugar del cuerpo más adecuado. La primera persona condenada a muerte fue puesta en la silla eléctrica el 6 de agosto de 1890 en la cárcel de la ciudad de Nueva York. Sin embargo, no todo salió bien. Como escribió el otro día Los Ángeles Herald, para matar a William Kemmler, que acuchilló a su amante con un hacha, fue necesario encender por segunda vez la silla eléctrica y duplicar la potencia de la instalación. "Su sistema nervioso no fue destruido por un destello, como se creía, sino por descargas relativamente lentas de martillos eléctricos". – así describió el periodista las impresiones de la ejecución.

Ea dínamo tuvo que reiniciarse para administrar la segunda descarga eléctrica. Durante varios minutos, las personas asustadas en la sala miraron impotentes a la silla eléctrica. "La saliva goteaba de los labios de Kemmler y su pecho comenzó a palpitar, con fuertes sibilancias saliendo de su boca. Cuando la corriente finalmente se lanzó a la velocidad máxima, un voltaje de 2000 voltios pasó a través del cuerpo de Kemmler, extinguiendo por completo cualquier signo de vida en él. Posteriormente, un testigo que estuvo presente en la ejecución dijo: - Hubiera sido mejor que hubieran usado un hacha.

Un examen posterior del cuerpo mostró que uno de los electrodos había dejado una cicatriz notable en la piel, mientras que el corazón, los pulmones y otros órganos internos estaban intactos. Se extrajeron junto con el cerebro para un examen más detenido.

Durante las siguientes dos décadas, la silla eléctrica se usó en otras cuatro ciudades estadounidenses y el método pronto se extendió a las cárceles locales.

Quizás la prisión más famosa para llevar a cabo ejecuciones en la silla eléctrica fue Sing Sing en Nueva York. Esta penitenciaría fue visitada por los escritores soviéticos Ilf y Petrov durante un viaje a la "América de las oportunidades" tras asesorar a Ernest Hemingway. En ese entonces, Sing Sing tenía 2299 presos. De ellos, 85 estaban condenados a cadena perpetua, y otros 16 esperaban su turno en la silla eléctrica.

En dicha prisión se ejecutaron a 200 hombres y a tres mujeres. La ejecución en la silla eléctrica se practicó en varios estados hasta 1980, cuando fue sustituida por la inyección letal. En algunas prisiones de EE. UU., los condenados a muerte todavía tienen la opción de electrocución e inyección. Hasta el momento, el último preso murió en la silla eléctrica en enero de 2013.

• **Guillotina**

En la Edad Media, los que abogaban por nuevos métodos de ejecución también fueron víctimas de estos dispositivos mortales. Una de las variedades de la guillotina, que aún no ha recibido este nombre establecido, fue traída a Escocia en el siglo XVII por James Douglas, cuarto conde de Morton. En este país, una hoja con una carga, suspendida de una cuerda y destinada a cortar la cabeza en un instante, se llamaba doncella escocesa.

No se sabe exactamente quién inventó este dispositivo. Sin embargo, se difundió en varios países europeos a partir del profesor de anatomía francés Joseph Guillotin en 1789. propuso el uso de una hoja oblicua para la decapitación como un medio de ejecución más humano. Espadas y hachas en manos de verdugos sin escrúpulos causaron un sufrimiento duradero a las víctimas. Guillotin abogó por la abolición de la pena de muerte, pero los tiempos y las circunstancias dictaron sus términos.

La última ejecución de un condenado a muerte en Francia tendrá lugar el 10 de septiembre de 1977. Ese día, Hamida Djandoubi fue guillotinado en la prisión de Baumettes en Marsella

• **Tortura de bambú chino**

El espantoso método de ejecución de China es infame en todo el mundo. Tal vez sea una leyenda, porque hasta el día de hoy no hay pruebas documentales de que realmente se haya utilizado esta tortura.

El bambú es una de las plantas de más rápido crecimiento en la tierra. Algunas de sus variedades chinas pueden crecer hasta un metro en un día. Algunos historiadores creen que la tortura mortal del bambú fue utilizada no solo por los antiguos chinos sino también por el ejército japonés durante la Segunda Guerra Mundial.

¿Cómo funciona?
1) Los brotes de bambú vivos se afilan con un cuchillo para hacer "lanzas" afiladas.
2) Se cuelga a la víctima horizontalmente, boca arriba o boca abajo, sobre un lecho de bambú joven puntiagudo.
3) El bambú crece rápidamente en altura, perfora la piel del mártir y brota a través de su cavidad

abdominal, la persona muere en una agonía muy larga y dolorosa.

• **Doncella de hierro**

Al igual que la tortura del bambú, muchos investigadores consideran que la "Doncella de Hierro" es una leyenda terrible. Quizás estos sarcófagos de metal con púas afiladas en el interior solo asustaban a los acusados, después de lo cual confesaban cualquier cosa.

La Doncella de Hierro se inventó a finales del siglo XVIII, es decir, al final de la Inquisición católica.

¿Cómo funciona?
1) Se coloca a la víctima en el sarcófago y se cierra la puerta
2) Las púas incrustadas en las paredes internas de la "doncella de hierro" son relativamente cortas y no perforan a la víctima, sino que solo causan dolor. Por regla general, el investigador recibe una confesión en pocos minutos, que el detenido sólo tiene que firmar.
3) Si el prisionero muestra firmeza y permanece en silencio, se insertan largos hierros, cuchillos o estoques a través de aberturas especiales en el sarcófago. El dolor se vuelve simplemente insoportable.
4) Si la víctima nunca confiesa sobre su acto, queda encerrada en el sarcófago por largo tiempo, donde muere por pérdida de sangre;
5) Algunos modelos de la "doncella de hierro" estaban equipados con púas a la altura de los ojos para cortarlos.

- **El potro**

Quizás la máquina de muerte más famosa e insuperable de su tipo se llama "rack". Fue experimentado por primera vez alrededor del año 300 por el mártir cristiano Vicente de Zaragoza.

Cualquiera que sobreviviera en el potro ya no podía usar sus músculos y se convertía en un vegetal indefenso.

¿Cómo funcionaba?
1. Este instrumento de tortura es una cama especial con ruedas en ambos extremos, en la que se enrollan cuerdas para sujetar las muñecas y los tobillos de la víctima. A medida que giraban los rodillos, las cuerdas se estiraban en direcciones opuestas, tirando del cuerpo.
2. Los ligamentos de las manos y los pies de la víctima se estiraban y se desgarraban, mientras los huesos se salían de las articulaciones.
3. También se utilizó otra versión del bastidor llamado "strapado": consistía en 2 postes excavados en el suelo y conectados por un travesaño. Las manos del interrogado estaban atadas a la espalda y levantadas con una cuerda. A veces, les sujetaban un tronco u otros pesos a sus piernas atadas. Al mismo tiempo, los brazos de la persona levantada en el potro se torcían hacia atrás y, a menudo, se salían de sus articulaciones, por lo que el convicto tenía que aferrarse a los brazos torcidos. Este tipo de bastidor se utilizó principalmente en Europa occidental.
4. En Rusia, el sospechoso levantado en el potro era golpeado con un látigo en la espalda, "aplicado al fuego", es decir, se pasaban escobas ardientes sobre el cuerpo.

5. En algunos casos, el verdugo rompía las costillas de la persona colgada en el potro con tenazas calientes.

Una variante, pero con el mismo efecto recibió por nombre "cuarto con caballos". La víctima estaba atada de pies y manos a cuatro caballos. A continuación, se instigaba a los animales a correr en direcciones opuestas. No había más opciones que la muerte.

• **Shiri (sombrero de camello)**
Aquellos llevados a la esclavitud por Zhuangzhuang (una confederación de pueblos nómadas de habla turca) enfrentaron un destino terrible. Destruyeron la memoria del esclavo con una terrible tortura: colocando a Shiri en la cabeza de la víctima. Por lo general, este destino les sucedió a los jóvenes atrapados en las batallas.

¿Cómo funcionaba?
1. Primero, a los esclavos les afeitaban la cabeza, raspando con cuidado cada cabello debajo de la raíz.
2. Los verdugos sacrificaban un camello y desollaban su cuerpo, separando primero la parte más pesada y densa.
3. Dividido en pedazos, se colocaba sobre las cabezas rapadas de los prisioneros. Estas piezas se pegaban como yeso alrededor de las cabezas de los esclavos.
4. Después de colocar el cuero, se trababa el cuello del condenado con un bloque de madera especial para que el sujeto no pudiera tocar el suelo con la cabeza. En esta forma los sacaban de los lugares de aglomeración, para que nadie pudiera escuchar sus gritos desgarradores, y los arrojaban al desierto, atados de pies y manos, al sol, sin agua ni comida.

5. La tortura duraba 5 días.

6. Solo unos pocos quedaban con vida, y el resto no moría de hambre ni de sed, sino de un sufrimiento inhumano e insoportable causado por la piel seca y en carne viva del camello en su cabeza. Retirándose implacablemente bajo los rayos del sol abrasador, el cuero del animal apretaba como un arco de hierro agarrando la cabeza rapada del esclavo. Ya al segundo día empezaba a brotar el pelo rapado de los mártires. El cabello asiático, áspero y lacio, a veces crecía en la piel en carne viva, generalmente sin encontrar una salida, el cabello se doblaba y volvía al cuero cabelludo con sus puntas, causando aún más sufrimiento. Un día después, el hombre perdía la cabeza. No fue hasta el quinto día que Zhuangzhuang venía a comprobar si alguno de los prisioneros seguía con vida. Si al menos uno de los torturados era atrapado con vida, se creía que se había logrado el objetivo.

7. El que era sometido a tal procedimiento moría sin soportar la tortura o perdía la memoria de por vida, convirtiéndose en un mankurt, un esclavo que no recuerda su pasado.

8. La piel de un camello alcanzaba para cinco o seis torturas.

* **Águila de sangre**

Una de las formas más antiguas de tortura consistía en atar a la víctima boca abajo y abrirle la espalda, romper las costillas de la columna y extenderlas como alas. Las leyendas escandinavas dicen que, durante tal ejecución, las heridas de la víctima eran rociadas con sal. Inevitablemente el torturado perdía la vida.

Muchos historiadores dicen que estas torturas fueron utilizadas por los paganos contra los cristianos, otros están convencidos de que los cónyuges condenados por traición fueron castigados de esta manera, otros afirman que el águila sangrienta es solo una leyenda terrible.

La amplia gama de horror también incluía el triángulo, la garrota, el empalamiento, la silla de la bruja, la rueda; pero no todos los tribunales aplicaron estos sistemas de forma habitual, al menos hasta 1252, cuando el Papa Inocencio IV autorizó oficialmente su uso en juicios contra herejes. Sin embargo, la tortura se usó solo en casos excepcionales: la sola amenaza de ejecución a menudo era suficiente.

La Inquisición romana, entre 1542 y 1761, quemó a 97 personas, incluido al filósofo Giordano Bruno que no quiso negar sus ideas.

El cuadro cultural comenzó a cambiar con la Ilustración. Cesare Beccaria en el tratado "Sobre los crímenes y las penas" (1764) condenó la tortura como una práctica inútilmente anacrónica y cruel: "Si un crimen es cierto, los tormentos son inútiles, porque la confesión del ofensor es inútil; si es incierto, no se debe torturar a una persona inocente porque tal es según la ley un hombre cuyos delitos no están probados". El primer país en repudiar la tortura fue Prusia en 1740; a finales de siglo la Revolución Francesa reafirmó los derechos del hombre aun cuando éste fuera un presunto culpable. Pero la "razón de Estado" también prevaleció sobre el igualitarismo: en 1800 la policía francesa comenzó a utilizar diversas drogas en los interrogatorios para hacer confesar a los criminales.

El siglo pasado fue uno de los más oscuros de la historia por el uso de la tortura. En la Primera Guerra Mundial (1914-1918) los turcos llevaron a cabo actos brutales en los pueblos armenios: A las mujeres, tras ser violadas por 40 soldados, les arrancaban las uñas y los pechos; mientras que a los hombres les amputaban los pies y les insertaban clavos de herradura en los muñones.

En la Unión Soviética (1919-1950), muchos religiosos, sacerdotes y obispos fueron quemados vivos. A los oficiales que se opusieron al régimen les cortaban los testículos, les marcaban la cara, les sacaban los ojos y les cortaban la lengua. Este destino también afectó a muchos prisioneros de guerra alemanes durante la Segunda Guerra Mundial. A menudo, en los gulags, las víctimas eran perforadas con una bayoneta en el mismo lugar, lentamente, incluso 15 o 20 veces. Algunas víctimas, además fueron inyectadas con polvo de vidrio en el recto.

Como es tristemente conocido, los nazis, de 1933 a 1945, transformaron la tortura en un cruel proyecto de masas: deportaron judíos, gitanos, homosexuales y disidentes políticos a campos de exterminio para exterminarlos sistemáticamente. Los golpeaban con pesados palos, apagaban cigarrillos en los genitales, les arrancaban las uñas; además, los prisioneros fueron utilizados como conejillos de indias humanos para experimentos atroces: reducción de oxígeno y presión atmosférica, congelación y enfriamiento prolongados, pruebas de esterilización y castración. E incluso antes de destruir sus cuerpos, los nazis, implementando una nueva declinación psicológica de la tortura, aniquilaron las almas de los prisioneros: reemplazaron sus nombres con números, los obligaron a trabajos agotadores e inútiles, hasta el punto de alienarlos.

La historia, sin embargo, no ha enseñado nada. En 1963, durante la Guerra Fría, EE. UU., obsesionado con el espionaje, desarrolló un verdadero manual de interrogatorio, el "Kubark", basado en el modelo 3D:

• Dependence (dependencia)
• Debility (debilidad)
• Dread (pavor)

Para hacer confesar a los presos, se manipulaban funciones vitales con privación sensorial (luz u oscuridad artificial continua; ausencia de sonido o reiteración de sonidos obsesivos); debilidad física; drogas y varios tipos de otros abusos físicos (permanecer de pie durante horas en posiciones incómodas). Todo con la añadidura, cruel, de no dejar huellas en un examen médico.

El manual hizo escuela en todos los conflictos posteriores: ya en 1973 Amnistía denunciaba que la tortura se había convertido en "un fenómeno internacional: expertos extranjeros viajaban de un país a otro, las escuelas de tortura ilustraban y demostraban los diversos sistemas, el armamento moderno de tortura se exportó de un país a otro en una especie de franquicia del dolor. Las dictaduras americanas de la década del 70 y 80 se comportaron como excelentes alumnos.

No se pretendía sólo hacer sufrir a la gente, sino sobre todo anular la voluntad de los presos.

Así, la tortura se convirtió en un método global y compartido. Fue utilizado en la Guerra de Vietnam (años 60) por el ejército estadounidense, en la Grecia de los Coroneles (años 60), en Gran Bretaña contra los separatistas del IRA (años 70) hasta Camboya: durante el régimen de Pol Pot (1976-1979), los oponentes fueron torturados con fragmentos de vidrio o alfileres de gramófono clavados debajo de las uñas. Las víctimas fueron golpeadas con el guantelete de hierro, cuya superficie exterior estaba cubierta de clavos. Otro método consistía en hacer que el preso se tumbara en el suelo boca arriba: 4 hombres le sujetaban los hombros y la cabeza, le tiraban del cuello, mientras que un quinto hombre lo golpeaba, en el cuello, con la culata de un revólver o con un garrote. para sacar sangre de su boca y fosas nasales. Muchos fueron quemados con agua hirviendo.

Los últimos horrores, en orden cronológico, son las cámaras de tortura argentinas (1976-1983) y chilenas (1973-1990) en las que se usaba mucho la electricidad (picanas eléctricas): los torturadores conectaban una batería de coche a los genitales o pezones de las víctimas, que eran también obligados a congelarse en las duchas. Los cadáveres, o los prisioneros moribundos, se hacían desaparecer arrojándolos al océano desde los aviones.

¿Es posible calcular cuánta tortura se practica hoy? Absolutamente no, pero estamos en el orden de los miles de casos según Amnistía Internacional. Los más conocidos han salido del infierno de la prisión de Abu

Ghraib (Iraq): descargas eléctricas, palizas, humillaciones sexuales. Por no hablar de la prisión estadounidense de Guantánamo, donde continúan recluidas personas, sin juicio ni cargos, en condiciones infrahumanas, con casos cada vez más frecuentes de suicidio. Sin embargo, esto es solo la punta del iceberg: en 104 países (de 190) las torturas se siguen utilizando para obtener confesiones, castigar a los criminales hipotéticos, imponer disciplina.

En suma, la historia no representa una enseñanza, el pasado se deja caer en el olvido de la "razón de estado". La evolución de la humanidad se muestra impermeable a la estabilización de una conciencia ético-moral desde este punto de vista, de hecho, en lugar de condenar y eliminar estas aberraciones, las moderniza, las declina del contexto histórico de pertenencia y las perpetúa en forma progresiva e imparable escalada de violencia gratuita e irracional.

Capítulo 5
Enterrados vivos

Lamentablemente, despertar en la tumba no es solo una invención de los autores de novelas de terror. La historia conoce casos de exhumación que terminaron con el horrible descubrimiento de ataúdes rayados por dentro y dedos ensangrentados de personas enterradas prematuramente. Hace 200 años, el miedo a tal destino, la "tafobia", dio lugar a una serie de inventos extraordinarios.

Tiempos de incertidumbre

El siglo XIX fue una época en la que la razón y la ciencia se adentraron cada vez más audazmente en áreas donde, hasta ahora, la fe había reinado indivisa. Uno de esos temas era la cuestión de la muerte. La humanidad ha tratado de enfrentar este fenómeno de manera metódica. Pero incluso el avance de la medicina no pudo hacer frente a la demarcación de la línea entre la vida y la muerte. La muerte fue adjudicada a veces con evidencia muy engañosa: los médicos no encontraban pulso presionando sus dedos en las arterias, no había respiración, ni señales de ella poniendo un espejo en la nariz del "fallecido". Los primeros estetoscopios que se inventaron en 1816, también eran falibles.

Hoy se sabe que aun el hallazgo de inmovilidad y pérdida de la sensibilidad al dolor (considerados síntomas de muerte) no siempre significa la muerte del paciente. Esta incertidumbre solo alimentó el miedo primario a la muerte.

La prensa de masas, en busca ansiosa de historias sensacionalistas y macabras, también desempeñó un papel. Uno de ellos fue el que le sucedió a Mary Hart el 16 de octubre de 1872. La niña era huérfana al cuidado de su tía Sarah Hart. En un día fatal, durante las tareas del hogar, Mary cayó repentinamente sin vida al suelo. El funeral tuvo lugar el mismo día. Sarah tuvo pesadillas durante la noche. Al día siguiente, le pidió a un pastor local que cavara la tumba. Lo que vio cuando abrió la tapa del ataúd fue aterrador. La tapa estaba rayada, los dedos de la niña raspados hasta el hueso. Mary se congeló de terror y pánico...

También se pueden encontrar historias similares en la prensa polaca, como la de Anna Regina Kilemann, quien no solo debió ser enterrada prematuramente, sino que también dio a luz a un niño bajo tierra. ¿Cuánta verdad hay en esta última historia? Es difícil de decir, pero la lápida de Kilemann todavía se puede admirar en el cementerio Evangélico-Augsburgo en Varsovia.

El fenómeno alimentó la oscura imaginación de los creadores, especialmente los autores de terror gótico. Entre ellos, Edgar Allan Poe resultó ser el mayor talento. El tema del regreso de ultratumba fue recurrente en las obras del escritor ampliamente leído. Se puede encontrar en "El Barril de Amontillado", "Berenice", "Czarny Kot", "El Exterminio de la Casa Usher". Pero pintó mejor el problema en "The Premature Funeral". En la novela, la vida del protagonista se ve envenenada por el miedo constante a ser enterrado vivo, alimentado por informes de prensa sobre casos similares. Gasta una fortuna para reconstruir su tumba de tal manera que sea posible escapar de ella. Su pesadilla se hace realidad cuando un día se despierta atado en la hacinada oscuridad, sintiendo solo el olor a madera y tierra…

Métodos ingeniosos para evitar un mal entierro

Esta paranoia del entierro prematuro ha resultado en muchos métodos para asegurarse de que la muerte haya ocurrido. Una forma tradicional, aunque su significado original está borroso, era esperar tres días entre la muerte y el entierro; durante este tiempo, la familia se reunía para rezar en el catafalco.

Ante el miedo creciente, se utilizaron otros métodos, a veces tan truculentos como el simple hecho de ser enterrado vivo, para asegurarse de que el difunto realmente había cruzado el portal oscuro. Se aconsejaba a los médicos frotar pimentón y rapé en las encías del difunto, verterlos en la nariz e incluso… administrarlos en forma de enema.

Otro método consistía en perforar el cuerpo con agujas, quemarlo con metal al rojo vivo o verter cera caliente sobre él. Todos estos métodos estaban diseñados para comprobar que el difunto no tenía reacción al dolor.

Lugar de descanso temporal

El miedo al entierro prematuro también se ha convertido en la fuerza impulsora detrás de muchas soluciones prácticas. Probablemente todo comenzó a finales del siglo XVIII en Manchester. Cuando en 1791 murió Robert Robinson, pastor de una de las facciones anglicanas, ya había ordenado en vida que sus restos mortales fueran colocados en un mausoleo, que debía contener un ataúd con una ventana. Dio instrucciones a la familia para que comprobara, cada pocos días, que no hubiera humedad respirable en el cristal. Sin embargo, no fue hasta la segunda mitad del siglo XIX cuando los miedos a ser enterrados vivos se hicieron tan comunes que empezaron a aparecer nuevas patentes de ataúdes de rescate como hongos después de la lluvia. Se registraron más de 100 soluciones en la oficina de patentes de EE. UU., que permitirían a los desafortunados informar al mundo exterior sobre su condición y salir de sus sepulcros.

Una tumba de vidrio, similar a la que Robinson mismo ordenó preparar, se encuentra en el cementerio Evergreen en el estado estadounidense de Vermont. Pertenece a Timothy Clark Smith, cónsul de Estados Unidos en Rusia y Rumanía, fallecido en 1893. Un diplomático podía permitirse el lujo de erigir un magnífico monumento, pero pronto las "versiones económicas" de los ataúdes de rescate, destinados a los posibles difuntos menos acomodados, comenzaron a gozar de popularidad. Uno de los pioneros de tal solución fue el polaco rusificado y, al mismo tiempo, el chambelán zarista, Michał Karnice-Karnicki. En 1897 construyó y patentó un ataúd equipado con un suministro de aire, una campana y una bandera que sobresalía de la superficie de la tumba (en caso de necesidad).

Otro polaco, Wojciech Kwiatkowski, patentó un invento similar cinco años antes, pero su ataúd estaba equipado con un sistema desechable que informaba sobre el entierro de una persona viva: en este caso, un tubo sobresalía por encima de la tumba, de donde y mediante un resorte, el malogrado difunto podría disparar un montón de plumas de colores.

El arcón funerario, patentado en 1868, incluso tenía instalada una escalera. Otro problema fue abordado por Johan Jacob Toolen. En 1907 patentó en Estados Unidos un ataúd con un sistema de vigas y engranajes. Su tarea consistía en ayudar al desafortunado en el interior a levantar la tapa.

La tafobia como entidad patológica fue descrita por primera vez (1891) por Enrico Morselli, destacado psiquiatra italiano. Tampoco fue casualidad: en el cambio de siglo, Italia era el principal centro de psiquiatría. El científico reconoció la tafobia como un tipo especial de claustrofobia.

Chopin tenía miedo de despertarse en el ataúd

Se pueden encontrar varios nombres famosos entre los que sufrieron de tafobia. El escritor danés Hans Christian Andersen estaba abrumado por el temor de que sus familiares pudieran confundir su sueño profundo con su muerte, por lo que antes de acostarse les dejaba notas apropiadas, en las que enfatizaba que todavía estaba vivo. En sus últimos días tuvo tanto miedo de despertar en un ataúd que fue su voluntad que después de su muerte se le abrieran las venas con certeza. Alfred Nobel emitió una instrucción similar.

Nikolai Gogol (escritor ucraniano) murió en 1852 y fue enterrado en el Monasterio Danilowski de Moscú. Cuando 80 años después los soviéticos decidieron convertir el monasterio en un orfanato para niños cuyos padres fueron víctimas de la represión estalinista, los restos de Gogol fueron exhumados. Luego se descubrió que el cuerpo del escritor descansaba sobre su estómago. Por lo tanto, es posible que el gran creador hubiera sido enterrado vivo.

La tafobia también atormentó al más grande compositor polaco. Justo antes de su muerte, el 17 de octubre de 1849, en las últimas palabras a los reunidos junto al lecho del moribundo, Fryderyk Chopin dijo: "Cuando esta tos me sofoque, les imploro que abran mi cuerpo para que no me entierren vivo".

Sin embargo, la más espectacular es la historia del conde Edward Raczyński de Wielkopolska (1786-1845). El aristócrata también sufría del miedo de ser enterrado vivo. El conde fundó un "pórtico de la muerte" en la necrópolis de Poznań en la colina de St. Wojciech (hoy es el cementerio del pueblo meritorio de Wielkopolska- Polonia). La construcción del edificio fue completada por su hijo Roger tras la muerte de su padre. La inauguración tuvo lugar el 1 de enero de 1848. Los cuerpos de los muertos se guardaban en un pequeño edificio. Se ataba una campana a los dedos de los difuntos. Si el cuidador escuchaba un zumbido en la habitación, debía avisar al médico, cuya tarea era revivir al difunto echándole una gota de queroseno en la lengua. La funeraria no fue una idea original de un residente de Poznań: en ese momento había aproximadamente 30 instalaciones similares en

Alemania. Después de unos años, el edificio fue demolido debido al poco interés de los habitantes de la ciudad.

El miedo a ser enterrado vivo no abandonó a Edward Raczyński. Quizá para asegurarse de que sería eficaz y de que no despertara en su propia tumba, el Conde se quitó la vida de una forma espectacular y sin duda eficaz: se pegó un tiro en la cabeza.

La histeria relacionada con el miedo a ser enterrado vivo llegó a su fin con las nuevas prácticas funerarias, especialmente la cremación y el embalsamamiento. Ambos procedimientos, por supuesto, excluyen la posibilidad de despertar en un ataúd.

El ejemplo de Gonzalo Montoya Jiménez, de 29 años, que data de mediados de 2019, demuestra que -pese al astronómico desarrollo de la medicina que ha tenido lugar desde el siglo XIX- vale la pena esperar con la organización de un funeral (en muchos países el velatorio dura 24 hs.) desde la confirmación de la muerte. La situación tuvo lugar en una de las prisiones españolas. Jiménez fue encontrado en su celda. La muerte fue determinada por tres médicos basándose en la falta de latidos cardíacos, respiración, cianosis y concentración post mortem. El cuerpo fue empacado en una bolsa y llevado a la morgue. Después de un tiempo, extraños sonidos comenzaron a salir de la habitación fría, que resultó ser... los ronquidos del difunto. Resultó que el español había caído en un estado de catalepsia, en el que la actividad cardíaca y la respiración se reducían al mínimo, provocando otros síntomas "post mórtem". La condición del hombre fue causada por la ingesta irregular de medicamentos para la epilepsia. No solo la historia, sino también las actualidades muestran que el miedo a despertar en la tumba no es del todo irracional.

Catalepsia de muerte aparente: ¿casos clínicos o legendarios?

La catalepsia, también conocida popularmente como muerte aparente, es una condición neuropsiquiátrica en la que el paciente se encuentra en un estado de rigidez total, mantiene los ojos cerrados, no responde a las indicaciones ni a los estímulos externos; la contracción muscular voluntaria está ausente y la conciencia está suspendida o crepuscular. El estado de catalepsia, que puede ser un síntoma frecuente de epilepsia, esquizofrenia o lesión cerebelosa, se ha asociado popularmente a la muerte aparente ya que el paciente cataléptico no reacciona a ningún estímulo, a veces cuesta incluso percibirle el ritmo cardíaco y por ello podría ser confundido como un difunto con todas las consecuencias del caso, como la disposición de la autopsia o el funeral.

¿Existen casos reales de muerte aparente?

Seguramente habrá leído noticias de personas que parecían muertas y luego despertaron en la morgue, o dentro del ataúd justo antes de su funeral. Estas son historias que pueden parecer leyendas urbanas pero que en realidad están documentadas en todo el mundo. Aunque es difícil entender dónde termina la verdad y dónde comienza la leyenda, basta con investigar un poco para encontrar varias historias.

Una data se registra en agosto de 1999, en Trieste (Italia), cuando un hombre de 60 años que había intentado suicidarse con un cóctel de drogas fue declarado muerto. Despertó cuando los forenses comenzaron a investigar el presunto cadáver, permaneció en cuidados intensivos durante una semana y luego despertó. Otro caso se refiere a un brasileño de 30 años declarado muerto después de un grave accidente cerca de Turín. Declarado muerto, recuperó la conciencia justo cuando los carroñeros se llevaban el cuerpo. Finalmente, encontramos la historia de un Messina de 70 años que fue encontrado inconsciente en su casa en 2020. Declarado muerto por la policía, se despertó unas horas después durante la visita del forense, quien se percató de que el anciano seguía con vida mientras le apretaba la mano con fuerza.

Muerte aparente, cuánto tiempo puede durar

Si bien es posible leer historias de personas que "volvieron a la vida" una semana después de haber sido consideradas muertas, lo cierto es que la catalepsia, o muerte aparente o síndrome de Lázaro, tiene un límite de tiempo preciso para la ciencia. Si desde el punto de vista médico-legal se sospecha que puede tratarse de una muerte aparente, o en los casos en que no hay certeza de muerte, es necesario esperar 48 horas para observación antes de declarar la muerte con seguridad. De acuerdo con la medicina, en efecto, después de 48 horas, la muerte ya no puede considerarse aparente y se debe proceder a verificar la muerte en todos los aspectos.

Ahora se sabe que la catalepsia es en realidad una condición relativamente común, y actualmente se clasifica como trastornos del sueño REM, como la narcolepsia. Las personas que experimentan el estado, por consumo de drogas, esquizofrenia u otros trastornos, pueden tomar medicamentos y practicar técnicas de relajación que ayuden a llevar una vida sustancialmente normal. En el siglo XXI ya no se tiene que temer que se sufrirá una muerte trágica por ser enterrados vivos.

Casos de personas enterradas vivas

En 1895, el médico británico JC Ousley afirmó que alrededor de 2700 personas eran enterradas vivas cada año en Gran Bretaña. Las autoridades lo negaron y afirmaron que solo 800 personas al año eran enterradas vivas a la sombra de la Corona británica. Esta anécdota sugiere cómo la muerte aparente podría ser un problema real y un terror desenfrenado entre las personas que vivieron en los siglos pasados, y probablemente incluso en la actualidad.

* **Madame Blunden - 1896**

La Sra. Blunden fue enterrada en la tumba familiar en Basingstoke, Inglaterra. Una escuela de niños estaba activa sobre el cementerio y, al día siguiente del funeral, un grupo de niños jugaba cerca del mausoleo cuando escucharon ruidos provenientes de la tumba.

Uno de los muchachos le dijo a un maestro y éste llamó al sacristán, quien hizo abrir el sepulcro. La Sra. Blunden pudo respirar por última vez antes de morir finalmente, con el rostro destrozado y las uñas arrancadas por el terror de ser enterrada viva.

- **Señora Bobin - 1901**

En 1901, la Sra. Bobin regresaba a Inglaterra con un barco de vapor procedente de África Occidental y parecía estar enferma de fiebre amarilla. Fue trasladada a un hospital dedicado a personas afectadas por enfermedades contagiosas, empeoró y fue declarada muerta, siendo enterrada. Una enfermera declaró más tarde que notó que el cuerpo de la mujer no estaba frío y que había cierta actividad en los músculos del abdomen. Después de que esta noticia llegara a oídos del padre de Madame Bobin, el cuerpo fue exhumado.

En el ataúd encontraron no una, sino dos personas, Madame Bobin y su hijo, ambos muertos por asfixia. Una denuncia contra los funcionarios de salud dio lugar a una compensación de 8.000 libras para la familia, una suma enorme en ese momento.

- **Ana Greene - 1650**

Ser sirviente en las grandes casas solariegas de siglos pasados significaba muchas veces ser objeto de la atención de los hijos pequeños del amo. Anne Greene trabajaba en la residencia de Thomas Reade cuando quedó embarazada del nieto de 17 años del hombre. El bebé nació muerto en la vigésima semana de embarazo, y la mujer enterró furtivamente el cuerpo del bebé en el jardín.

Pero el pecado no quedó impune. Para no irritar a los futuros parientes con los que el joven sobrino debía vincularse a través del matrimonio concertado, la mujer fue condenada a muerte por asesinato y ahorcada el 14 de diciembre de 1650. Durante la ejecución de la sentencia, muchos amigos tiraron de la mujer por los pies, para facilitar su fallecimiento, y el médico forense certificó su muerte. Esa misma noche, el cuerpo fue colocado en un ataúd y enviado a la escuela de medicina local, donde sería dedicado a los estudiantes de estudios anatómicos.

Al día siguiente, cuando los escalpelos estaban a punto de tocar el cuerpo de la joven, los estudiantes Ralph Bathurst, Thomas Willis, William Petty y Henry Clerke descubrieron que Greene todavía tenía un latido débil y una respiración audible. Le dieron un revitalizante y en menos de un día la niña se recuperó, escapando de la muerte. La mujer fue indultada y murió 15 años después, en 1665.

* **Giulio Maria della Somaglia - abril de 1830**
Somaglia fue un poderoso cardenal católico que trabajó entre finales del siglo XVIII y principios del XIX. Bajo varios Papas, el cardenal se convirtió en una figura crucial para el estado papal. El 2 de abril de 1830 fue declarado muerto y su cuerpo estaba en preparación para el embalsamamiento. Cuando el empleado de la funeraria hundió el cuchillo en la caja torácica del hombre, este despertó repentinamente del estado de aparente muerte, pero ya era demasiado

tarde: falleció de todos modos después de unos minutos por la herida en el pecho.

• **Duns Escoto - noviembre de 1308**

El famoso filósofo y teólogo Duns Scotus murió en Colonia, Alemania, en 1308. Después del funeral, su cuerpo fue colocado en una cripta de piedra sellada en la iglesia franciscana. La cripta fue reabierta unos meses después para enterrar a otra persona, pero el escenario que encontraron los frailes fue aterrador: Escoto no fue encontrado en el ataúd sino a la entrada de la puerta de la cripta, con las manos destrozadas en un intento de encontrar una salida. Su rostro se describe como una auténtica máscara de terror.

• **Marjorie Elphinstone - 1600**

En la primera década del siglo XVII, una mujer escocesa fue enterrada durante un día completo cuando un grupo de ladrones de tumbas abrió el ataúd para robar los objetos de valor enterrados con el difunto. La mujer despertó por los empujones y el bullicio de los hombres, que fueron ahuyentados por la rica dama, que volvió a su casa de Ardtannies, donde residió otros 15 años hasta 1622.

Wikipedia describe a Marjorie Elphinstone como la versión escocesa de "la dama del anillo", una historia de fantasmas repetida en varias tradiciones folclóricas europeas en la que una mujer es enterrada viva y despertada por ladrones de tumbas que intentan robarle los anillos. Aunque se convirtió en folklore en muchos otros países de Europa, Marjorie Elphinstone es el único caso confirmado de esta leyenda, y se encuentra en Escocia, enterrada con su esposo Walter. La tumba de Marjorie está incluida en la Colección Nacional de Monumentos Antiguos e Históricos de Escocia de la Comisión Real.

• **Matthew Wall - 2 de octubre de 1571**

El 2 de octubre de 1571, la campana sonó con la melodía del ritual funerario en Braughing y el ataúd de un granjero local, Matthew Wall, fue llevado por Fleece Lane hasta la iglesia del pueblo de St Mary the Virgin. La prometida de Matthew y otros familiares siguieron el cortejo fúnebre cuando Wall se despertó, comenzó a golpear la tapa del ataúd y la gente lo sacó del cofre de madera.

Matthew probablemente cayó en coma después de sufrir lo que se cree que es una forma de epilepsia. El triste día se convirtió en fiesta por la "resurrección" del joven, que un año después se casó con su prometida y vivió hasta 1595. Al morir, pidió que se barriera cada año la calle por donde pasaba el primer cortejo fúnebre y que sonaran las campanas en celebración con la melodía tanto de la boda como del funeral. Aún hoy, 2 de octubre, se sigue celebrando en la ciudad el "Día del Viejo", con motivo de la aparente muerte de Muro.

• **Abdel-Sattar Badawi - julio de 1997**

Declarado muerto tras caer en coma en julio de 1997, Abdel-Sattar Badawi fue colocado en un ataúd y trasladado a la morgue del hospital de Menoufia, Egipto. Estuvo en esa posición durante unas 12 horas, cuando de repente se despertó. Empezó a recitar versos del Corán y, no sin dificultad, logró salir del ataúd. El hombre estaba envuelto en cadáveres y oscuridad, y continuaba recitando versos del Corán en un estado de completa confusión. Cuando logró escapar de la habitación con los cadáveres se encontró con tres paramédicos del hospital y uno de ellos, al ver al hombre y escuchar los versos del Corán, murió de un infarto. Su cuerpo fue colocado en el ataúd de Badawi, quien salió del hospital por sus propias piernas.

• **Lyudmila Steblitskaya - noviembre de 2011 - octubre de 2012**

Ser declarado muerto sin estar realmente muerto es una tragedia, pero cuando esto sucede dos veces se convierte en estadística. En noviembre de 2011, una señora de 61 años se despertó unos minutos antes de que le hicieran la autopsia (imagínense la escena es aterradora) después de 3 días en la morgue. En octubre de 2012 fue declarada muerta nuevamente, pero los médicos esperaron un tiempo antes de ordenar su sepultura dada la circunstancia anterior. De hecho, la mujer despertó y continuó con su vida cotidiana.

• **Fagilyu Mukhametzyanov - junio de 2011**

La Palma de Oro más macabra es para una mujer rusa de 49 años, declarada muerta y encerrada en un ataúd, despertada por cantos fúnebres en su honor. La señora hizo un ruido y se abrió el cofre, pero la mujer no gritó de alegría por haber regresado al mundo de los vivos, sino que se llevó tal susto que murió, esta vez en serio y definitivamente, por el susto sufrido de ser enterrada viva.

Capítulo 6
Sacrificios humanos

El sacrificio es un objeto, una planta, un animal e incluso un ser humano, que se ofrece para mediar entre las personas y los dioses. Su misión puede ser de carácter de agradecimiento o de imploración. Este tipo de rituales muestra que las personas comenzaron a ser asesinadas en situaciones particularmente difíciles para una comunidad determinada.

El sacrificio humano ya lo hacían las primeras civilizaciones humanas: egipcia, china o sumeria. La mayoría de las veces, los sirvientes fueron asesinados para acompañar a sus amos al más allá. Cuanto más alta era la posición del difunto en la sociedad, más personas morían durante las ceremonias fúnebres.

La cultura de la dinastía Shang en la antigua China desarrolló una forma específica de sacrificio humano. La adivinación del caparazón de tortuga les ayudó a responder la pregunta de si se debía hacer un sacrificio humano. Se escribieron preguntas en él, como "Si matamos a cinco esclavos, ¿lloverá mañana?" Luego se perforaban agujeros en el caparazón y se calentaba en un fuego. La respuesta se interpretaba sobre la base de las grietas formadas. Los adivinos calificados se ocupaban de la lectura de las señales divinas.

El sacrificio humano también podría estar presente en la antigua Grecia. Desafortunadamente, la evidencia se basa en gran medida en las obras literarias. La propiciación de los dioses mediante la muerte de un hombre es mencionada por Homero en "La Ilíada", Eurípides en sus dramas y también por Herodoto. Sin embargo, aparte de Creta, no hay pruebas materiales claras, como los entierros de las víctimas.

Un sacrificio particularmente cruel tuvo lugar en América Central y del Sur. Los corazones de las personas vivas eran arrancados o se llevaban a cabo los juegos de la muerte. Las futuras víctimas se veían obligadas a correr por una montaña empinada para luego ser asesinadas. El juego de fútbol también fue un sacrificio. La sangre fluía a raudales durante el propio juego, ya que la pelota de goma utilizada era extremadamente pesada. Hasta el día de hoy, no se ha establecido si los capitanes del equipo perdedor, del equipo ganador o de ambos morían tras el duelo.

El sacrificio humano entre los escitas estaba estrechamente relacionado con los ritos funerarios. Los guerreros eran enterrados en los túmulos junto con sus caballos, y también con los sirvientes. ¡Ciento ochenta caballos fueron enterrados junto con el difunto en una de las tumbas! Maridos y esposas también eran asesinados. Era una expresión de exaltación, porque los escitas cultivaban, por ejemplo, el suicidio de los ancianos, porque consideraban indigna la muerte por vejez.

En Cartago se hicieron sacrificios particularmente crueles. Para apaciguar a los dioses, los niños pequeños eran asesinados allí. Probablemente se hacía a través de la quema. Así lo demuestran los cementerios donde se encontraron las cenizas de cientos de niños. Sin embargo, existe la hipótesis de que los bebés fallecidos naturalmente fueron enterrados en el cementerio descubierto. Teniendo en cuenta la alta tasa de mortalidad, esta tesis no carece de fundamento, pero después de un período de tiempo tan largo es difícil evaluar cómo fue realmente.

Resulta que las peleas de gladiadores en la antigua Roma también estaban asociadas con el sacrificio humano. Provienen de la costumbre de hacer ofrendas en las ceremonias fúnebres. Con el tiempo, el sacrificio sagrado fue reemplazado por la lucha de esclavos, que se convirtió en una forma de entretenimiento para las masas. Es poco probable que los gladiadores que morían en las arenas durante el Imperio hayan sido conscientes de los orígenes místicos de su lucha.

El sacrificio humano también estuvo presente en la comunidad vikinga. Esto se evidencia por el relato de un testigo presencial. Describe cómo, después de la muerte del jefe, su esclavo, que eligió tal destino voluntariamente, fue preparado para el sacrificio. Estar destinada a morir junto con su amo aumentaba mucho su estatus, tanto que durante los preparativos era tratado como un miembro libre de la comunidad.

Sacrificios aztecas

Arrojar a un hombre al fuego, sacarlo antes de que muera y luego arrancarle el corazón, fue solo una de las maneras sangrientas que tenían los aztecas para salvar al mundo.

El objetivo principal (aunque no el único) del sacrificio humano era repetir el ritual realizado por los dioses en

Teotihuacán. Si la gente dejara de alimentar al Sol con los corazones y la sangre de las víctimas, el mundo sería destruido. Por lo tanto, la tarea principal de un guerrero era capturar al enemigo para que luego pudiera ser sacrificado. El estatus social dependía del número de oponentes capturados.

Los prisioneros de guerra eran llevados a la capital del imperio, Tenochtitlán, y honrados. A menudo permanecían algún tiempo en la casa del guerrero que los había capturado. Luego eran conducidos al pie de Huey Teocalli, una enorme pirámide ubicada en el centro de la ciudad. A veces, a los cautivos se les daba alcohol y alucinógenos para aliviar su destino. Luego subían a la cima de la pirámide donde eran colocados sobre una piedra de sacrificio.

Cuatro sacerdotes sujetaban las piernas y las manos de la víctima, y el quinto le abría el pecho y le arrancaba el corazón que aún latía. El cadáver era arrojado por las escaleras del templo. Algunas partes del cuerpo, especialmente las piernas, a veces se comían en las fiestas. Algún consuelo para las víctimas podría ser el hecho de que, según la mitología azteca, después de su muerte, tenían el honor de acompañar al Sol en su viaje desde el amanecer hasta el anochecer.

El número de sacrificios aztecas ha estado en discusión desde la conquista. El cronista español Diego Durán informa que 80.400 personas fueron sacrificadas en cuatro días durante la ceremonia de dedicación de Huey Teocalli en 1487. Este número parece muy exagerado, teniendo en cuenta que todo el procedimiento consumía bastante tiempo. Por lo general, se supone que unas 20 mil personas al año eran sacrificadas en el centro de México.

Una vida corta pero lujosa

La forma de sacrificio de sangre descrita anteriormente era la más común, pero había otras formas de sacrificar personas a los dioses, a veces muy sofisticadas. El más interesante es quizás el sacrificio por Tezcatlipoka, un dios poderoso y caprichoso que patrocina la adivinación, la guerra, pero también a los gobernantes aztecas.

Un año antes de la fiesta de Toxcatl dedicada a él, se seleccionaba de entre los presos a un joven sin defectos físicos, personificando el canon de la belleza indígena. Luego le enseñaban buenos modales y el comportamiento típico de los aristócratas. Durante un año caminaba por la ciudad en compañía de ocho pajes, tocando la flauta. Así, llevando un estilo de vida apropiado y vistiendo trajes especiales, se convertía gradualmente en "ixiptla", un reservorio de energía divina, una encarnación viva de Tezcatlipoka.

Veinte días antes de la festividad, se le unían cuatro niñas que personificaban a las diosas de la fertilidad. En los días siguientes se celebraban fiestas en su honor. Finalmente, el día de la ceremonia, el joven era acompañado por su séquito a un lugar a la orilla del lago, donde se encontraba un pequeño templo. Todos lo dejaban allí. El cautivo iba subiendo las gradas del templo, rompiendo una a una sus flautas. En la cima, lo esperaban los sacerdotes, quienes lo sacrificaban de la manera descrita anteriormente.

Este ritual representaba el ideal de la vida de guerrero azteca: disfrutar de la vida, pero consciente de que estaba destinado a morir en la batalla o en una piedra de sacrificio.

Otros pueblos que habitaban la Mesoamérica precolombina a veces tenían creencias ligeramente diferentes (aunque los conceptos básicos seguían siendo similares) y, por lo tanto, rituales diferentes. El culto azteca a los dioses puede parecer cruel e inhumano, pero hay que recordar que su finalidad era salvar el mundo, asegurar una buena cosecha, etc., y por tanto respondía a necesidades de gran importancia. Vale la pena señalar que los antiguos romanos podían organizar espectáculos crueles solo para el deleite de la audiencia.

Sacrificios dedicados al demonio

Después del crimen organizado y el terrorismo islámico, los cultos y las sectas religiosas, incluido el culto a Satanás, comienzan a representar una amenaza importante para las sociedades democráticas modernas.

El satanismo se puede dividir ampliamente en dos corrientes: el hedonismo manifestado por la afirmación del materialismo, el egocentrismo y el sexo libre que rechaza los tabúes basados en las normas morales tradicionales y el culto religioso en el sentido estricto de la palabra.

Los rituales mágicos, algunos de los cuales están asignados a fechas específicas, juegan un papel clave en este último, que es marginal según las fuentes oficiales. En el calendario de los seguidores de Satanás podemos encontrar muchas "fiestas", con el papel dominante del cumpleaños de un determinado satanista, que es, en su opinión, el dios más importante. Para la sociedad, la mayor amenaza la representan los denominados Grand Climax (clímax, gran final), es decir, rituales relacionados con los solsticios de verano e invierno y el equinoccio de primavera. Otras sectas celebran la fertilidad y la sexualidad a través de orgías y sacrificios de vidas humanas: una mujer o un niño. La mayor fiesta satánica llamada Walpurgis se festeja el 30 de abril.

Es importante destacar que el calendario satánico también distingue el momento óptimo de secuestro de la víctima, que precede al ritual criminal. Esto significa que el satanista como perpetrador del crimen no actúa por impulso, lo planea cuidadosamente, selecciona a la víctima de una manera que dificulta la interferencia con el ritual, y lo que está directamente relacionado con él, también planea ocultarlo más tarde de una manera que excluya la atribución a él y, por lo tanto, el enjuiciamiento. Se convierte en el llamado perpetrador sofisticado, ocultando el cuerpo, simulando accidentes, suicidio o incriminando a otra persona.

Sin embargo, los perpetradores de tales crímenes rituales, no son satanistas "puros". Son asesinos en serie ordinarios que podrían elegir cualquier ideología que se adapte a su necesidad interna de lastimar a otras personas. No en vano, la criminología conoce a muchos asesinos en serie que aseguran matar bajo la influencia de la posesión satánica. Los que sufrían de esquizofrenia a veces incluso escuchaban claramente la voz del señor del infierno y las instrucciones articuladas con precisión.

Sectas religiosas extremadamente peligrosas

Cinco de las sectas religiosas más impactantes y trascendentales del mundo surgieron en el siglo pasado, creyendo que podrían cambiar el mundo con su culto satánico y adoración de ideas peligrosas. A continuación, las cinco sectas más peligrosas del mundo:

- **Puerta del cielo**

Probablemente uno de los casos más impactantes del mundo fue el representado por la secta religiosa Poarta Raiului. Fundada en 1974, la secta nació en un hospital psiquiátrico cuando los pacientes Marshall Applewhite y Bonnie Nettles se encontraron con la idea de cambiar el destino de la humanidad.

El 26 de marzo de 1997, cuando el cometa Hale-Bopp pasó junto al sol, 39 miembros de la secta se suicidaron en masa en una casa de San Diego. La razón era increíble. Los seguidores del grupo satanista creían que sus almas llegarían a una nave extraterrestre que observaba el cometa.

- **Iglesia de la Unificación**

Otro movimiento religioso peligroso fue la Iglesia de la Unificación, un culto fundado a mediados de la década de 1950 en Corea del Sur. El culto nació el 1 de mayo de 1954 en Seúl, y el líder religioso era Sun Myung Moon, a quien sus seguidores consideraban un ser divino. En Alemania, la secta satanista fue inmediatamente prohibida para que los jóvenes no se sintieran influenciados para participar.

Para los miembros de este culto, Sun Myung Moon era considerado Dios, como resultado, el líder de la secta contaba con el apoyo total de su iglesia. Se culpó a la secta por el acto de atraer a los jóvenes para que se unieran y se distanciaran de sus familias.

- **La secta religiosa de los narco-satanistas**

Como se puede ver por el nombre del culto, la secta religiosa de los narcosatanistas o culto a "Santa muerte" se originó en México y sus miembros eran narcotraficantes que realizaban sacrificios humanos. Eso no es todo. Se dice que los seguidores de estas tradiciones y costumbres satánicas creían que, al sacrificar vidas humanas, estaban protegidos de las balas y de la policía.

La secta narcosatanista fue fundada en 1988 por Adolfo de Jesús Constanzo, y sus integrantes eran traficantes de cocaína y marihuana. Los asesinatos de los seguidores de Constanzo salieron a la luz luego de que un estudiante estadounidense fuera secuestrado y asesinado en México, y la policía encontró 15 cuerpos en el rancho donde se realizaban las reuniones del grupo.

- **Hijos de dios**

Ciertamente una de las sectas religiosas más peligrosas y perturbadoras del mundo es la llamada "Hijos de Dios", fundada por David Berg. Según este culto, las personas que formaban parte de esta secta consideraban algo normal, incluso un derecho divino, mantener relaciones íntimas con menores.

A lo largo del tiempo, se han presentado innumerables denuncias de abuso sexual contra miembros de esta secta. Las mujeres jóvenes fueron dirigidas a la prostitución y al mismo tiempo reclutaron nuevos miembros. El grupo ha atraído el profundo desprecio de la sociedad y es considerado como una de las sectas más peligrosas del mundo.

- **El Movimiento para la Restauración de los Diez Mandamientos**

Como sugiere el nombre del culto, el Movimiento de Restauración de los Diez Mandamientos fue una de las sectas más impactantes del mundo, un culto apocalíptico formado en Uganda a fines de la década de 1980.

¿Qué implicaba este "movimiento"? Pues bien, según los líderes religiosos de esa secta, habrían vaticinado el fin del mundo el 31 de diciembre de 1999, antes de la llegada del nuevo milenio, fecha que luego se trasladó al 17 de marzo de 2000.

En ese fatídico viernes, los miembros del Movimiento de Restauración de los Diez Mandamientos se reunieron en su iglesia para una sesión de oración. Los

530 miembros del culto satanista murieron durante
una explosión, un ataque que habría sido organizado
por los propios líderes de la secta.

######